Robert Wilson

GRAMÁTICA DEL INGLÉS

dve
PUBLISHING

De Vecchi Ediciones participa en la plataforma digital **zonaebooks.com**
Desde su página web (www.zonaebooks.com) podrá descargarse todas las obras de nuestro catálogo disponibles en este formato.

© Editorial De Vecchi, S. A. 2018
© [2018] Confidential Concepts International Ltd., Ireland
Subsidiary company of Confidential Concepts Inc, USA
ISBN: 978-1-68325-844-5

Índice

Introducción

Para el correcto conocimiento y aprendizaje de una lengua, es imprescible conocer a fondo la gramática; sin embargo, esta suele ser la parte que resulta más dura y complicada para la mayoría de la gente.

En esta gramática que tiene entre sus manos encontrará todo lo que necesita saber sobre fonética, morfología y sintaxis de la lengua inglesa, para que pueda adquirir unos conocimientos elementales bien fundamentados y con poco esfuerzo.

Alfabeto, artículos y sustantivos, adjetivos, adverbios, preposiciones, conjunciones, verbos, *phrasal verbs,* formación de las frases…

La teoría está perfectamente sintetizada y explicada de una forma clara y sencilla; los ejemplos le ayudarán a comprender fácilmente lo explicado, y con los ejercicios que se facilitan al final de cada lección podrá verificar lo aprendido.

Un manual único y completísimo que constituye una guía práctica, de fácil acceso, exhaustiva y útil para todos aquellos que quieren aprender inglés, tanto para aquellos que desean iniciarse en el estudio de esta lengua como para quienes han de conseguir un nivel avanzado.

Alfabeto inglés

Veamos cómo se lee el alfabeto inglés:

a	b	c	d	e	f	g	h	i
ei	bi	si	di	i	ef	yi	eich	ai

j	k	l	m	n	o	p	q	r
yei	kei	el	em	en	ou	pi	kiu	ar

s	t	u	v	w	x	y	z
es	ti	iu	vi	dableiu	eks	uai	zed

En el alfabeto inglés hay letras cuya pronunciación es totalmente diferente a la española:

— **j**, como la **y** española (yegua);
— **w**, como la **u** semiconsonante española (en los diptongos, como huevo);
— **z**, como una **s** muy suave.

Las vocales

Son cinco, como en español, y tienen un sonido básico, el sonido alfabético. En español, las vocales mantienen el sonido alfabético cuando están acentuadas porque cae sobre ellas el acento tónico, pero en inglés no existen acentos gráficos.

La vocal **e** es muda a final de palabra y muy a menudo también en el interior de la palabra misma, pero no en los monosílabos.

time taim   **name** neim   **interest** intrest   **bed** bed

Las vocales seguidas de la consonante **r**, tanto en el interior de la palabra como al final, producen un sonido particular; de hecho, la **r** no se pronuncia claramente sino que se esboza el sonido de forma leve. La vocal **u** es muda si se encuentra entre una consonante (que no sea **c**) y una vocal.

guard gard

Las consonantes

Puede decirse que las mayores diferencias de pronunciación entre las letras inglesas y las españolas son estas:

— **c**, antes de **e**, **i**, **y**, se pronuncia **s** (en los otros casos, **k** fuerte, como en español);
— **g**, antes de **e**, **i**, **y**, se pronuncia como la **y** consonante española en yegua (en el resto de los casos corresponde a la letra **g** española, como gato);
— **h** a comienzo de palabra casi siempre es aspirada;
— **th** es difícil de pronunciar, puede tener pronunciación suave o fuerte, parecida, respectivamente, a una **d** o a una **z**, dicha con la lengua apoyada en los dientes superiores: por ejemplo, el artículo **the** (el) en inglés tiene un sonido suave; la palabra **tooth** (diente) tiene un sonido fuerte;
— **j** tiene el sonido suave de la **y** consonante;
— **ph** suena como una **f**;
— **sc**, antes de **e**, **i**, **y**, se convierte en **s**; en caso contrario, suena **sk**;
— **sch** tiene siempre un sonido **sk**;
— **sh** tiene un sonido suave entre **s** y **ch**.

Cuando dos o más consonantes se encuentran en la misma palabra se aplican las siguientes reglas:

— **gh** no suenan a final de palabra o cuando van seguidas de **t** (**light** lait);
— **k** es muda al comienzo de la palabra si va seguida de la letra **n** (**knock** nok);
— **p** es muda si va seguida en la misma sílaba de **n**, **s**, **t** (**pneumonia** nemonía; **psychosis** saicosis; **receipt** risi:t);
— en **tch**, la **t** es muda (**watch** uoch).

Frases útiles

En el aeropuerto

Will Pan Am passengers on flight 382 please go to gate 25.
Se ruega a los pasajeros del vuelo 382 de Pan Am que se presenten en la puerta 25.

There is a gate change for SAS flight 15 from Copenhagen.
Hay un cambio de puerta para el vuelo 15 de SAS procedente de Copenhague.

Iberia announces the departure of flight 976 to New York.
Iberia anuncia la salida del vuelo 976 a Nueva York.

Please have your boarding cards ready.
Tengan a la vista las tarjetas de embarque.

May I see your ticket and your passport, please?
¿Puedo ver su billete y su pasaporte, por favor?

How much free luggage is allowed?
¿Cuánto equipaje admiten sin recargo?

How many suitcases have you got?
¿Cuántas maletas tiene?

Which suitcases are yours?
¿Cuáles son sus maletas?

Air France passengers on flight 37 from Paris will be arriving at gate 9.
Los pasajeros del vuelo 37 de Air France procedente de París entrarán por la puerta 9.

United flight 28 will be boarding at 10.30.
El vuelo 28 de United embarcará a las 10.30.

Artículos y sustantivos

Artículo determinado

El artículo determinado inglés es **the** y corresponde a los artículos del castellano «el, lo, la, los, las». Se pronuncia *the* delante de consonante y *thi* delante de vocal.

Artículo indeterminado

El artículo indeterminado inglés es **a** y corresponde a nuestros artículos «un, uno, una». Se utiliza **a** delante de las palabras que empiezan por consonante o por **u** o **eu**, cuando se pronuncian **iu**. Se emplea **an** delante de las palabras que empiezan por vocal o por **h** muda, por motivos fonéticos.

Las palabras inglesas que empiezan con **h** muda son las siguientes: **hour** (hora), **heir** (heredero), **honest** (honrado), **honour** (honor).

El artículo indeterminado se emplea con más frecuencia en inglés que en castellano. Obsérvense los siguientes ejemplos:

She is a German girl.	*My uncle is a doctor.*	*When I was a boy.*
Es alemana.	Mi tío es médico.	Cuando yo era niño.

Observación: El artículo indeterminado **a** se pronuncia como una **e** muy retrasada, juntándola con la palabra siguiente.

El género de los sustantivos

En inglés, a diferencia de la lengua española y de muchos otros idiomas, no es posible distinguir el género de los sustantivos, o nombres, del artículo que lo precede, pues el artículo determinado **the** es igual para todos los géneros. Ej.: *the sun* (el sol), *the moon* (la luna). No obstante, es posible hacer las siguientes distinciones:

Los nombres de hombres y de animales machos son **masculinos**.

man hombre   *son* hijo   *bull* toro

Los nombres de mujeres y de animales hembras son **femeninos**.

woman mujer   *girl* chica   *cow* vaca   *hen* gallina

Son **neutros** los nombres que se refieren a conceptos y a objetos abstractos, a cosas y a animales cuando el sexo no está especificado.

book libro   *word* palabra   *butterfly* mariposa   *baby* niño

Excepciones: El «objeto» más importante de la historia y la cultura inglesa, el que permitió a la pequeña Inglaterra transformarse en el Imperio británico y conquistar regiones de todo el mundo, **the ship** (la nave), no tiene género neutro, sino que es de género **femenino**:

The ship struck an iceberg: she sank in a couple of hours.
La nave golpeó un iceberg: se hundió en pocas horas.

Obsérvese el uso de **she**, pronombre femenino, y no de **it**, pronombre neutro.

También los países, como Inglaterra, Escocia, etc., se consideran femeninos.

England won the war thanks to her troops.
Inglaterra ganó la guerra gracias a sus tropas.

Obsérvese también el uso de **her**, adjetivo posesivo femenino, y no de **its**, adjetivo posesivo neutro.

Ocurre lo mismo con los animales de compañía **(pets)**, pues en inglés se hace referencia al gato o al perro usando el masculino o el femenino según el sexo del animal.

My dog is lovely: she always sits at my feet.
Mi perra es un encanto: se sienta siempre a mis pies.

Formación del plural

Para formar el plural en la mayor parte de las palabras inglesas, es suficiente añadir una **-s** a la forma del singular.

The door = la puerta	*The doors* = las puertas
The house = la casa	*The houses* = las casas
The sister = la hermana	*The sisters* = las hermanas

Casos particulares

Según la regla general, el plural de los nombres se forma añadiendo una **-s** al singular.

Sin embargo, los nombres que terminan en **-s**, **-ss**, **-x**, **-sh**, **-sk** y **-o** añaden **-es** en lugar de **-s**.

The church	*The glass*	*The box*
The churches	*The glasses*	*The boxes*

Los nombres que acaban en **-y** precedida de consonante cambian la **y** por **i**, antes de añadir **-es**.

The lady	*The ladies*	*The city*	*The cities*[1]

Los nombres que terminan en **-f** o **-fe** forman el plural con **-ves**.

Knife	*Wife*	*Life*
Knives	*Wives*	*Lives*[2]

---

1. *City* (metrópoli) indica también el centro de Londres.
2. *Life* se pronuncia láif; el plural *lives* se pronuncia láivs; en cambio, el verbo *to live* se pronuncia tu liv.

Los nombres ingleses más comunes que forman el plural irregular son:

Man = hombre	Woman = mujer	Foot = pie
Men	Women	Feet
Tooth = diente	Child = niño	
Teeth	Children	

Particularidades del nombre

a) Nombres que sólo son plurales.

Un número determinado de nombres sólo se emplean en plural; por consiguiente, los pronombres y los verbos que se refieren a los mismos deben estar también en plural. Los más comunes son:

Goods	People	Grapes	Thanks
mercancía	la gente, las personas	uva	gracias (agradecimiento)

Many people say that...
Mucha gente dice que...

Many thanks.
Muchas gracias.

The goods you sent me have just arrived.
La mercancía que me envió acaba de llegar.

b) Nombres que sólo son singulares.

Otros nombres sólo se emplean en singular. Así pues, los verbos y pronombres que se refieren a los mismos deben estar en singular. Hay que prestar mucha atención a estos nombres, ya que muchos de ellos presentan una forma que les hace parecer plurales porque se trata de palabras que se suelen emplear en plural en castellano.

Hair	cabello-s	News	noticia-s
Knowledge	noción-es	Advice	consejo-s
Business	negocio-s	Progress	progreso-s
Furniture	mueble-s	Information	información-es

> *Your hair is very dark.*
> Tus cabellos son muy oscuros.
>
> *I bought some furniture for my office.*
> He comprado mobiliario para mi despacho.
>
> *The news I get is quite good in this period.*
> Las noticias que recibo son bastante buenas en este periodo.
>
> *Business is business.*
> El negocio es el negocio.

Cuando es necesario emplear un singular que individualice o un plural, se utilizan las perífrasis: **a piece of**, **two**, **ten pieces of**.

> *A piece of news* = una noticia
> *A piece of furniture* = un mueble
>
> *Modern furniture is very comfortable, but I would like to have one piece of antique furniture for my drawing-room.*
> Los muebles modernos son muy cómodos, pero me gustaría tener un mueble antiguo para el salón.

El genitivo sajón

Se denomina genitivo sajón o caso posesivo a una forma especial que existe en inglés para indicar el poseedor de algo. El genitivo sajón se representa poniendo el signo **'s** al final del nombre del poseedor. (En caso de que una palabra termine en **-s** de plural, es suficiente añadir un apóstrofo).

El genitivo sajón se emplea:

1. Con todos los nombres que indican persona, animal o cosa animada.

> *My brother's suit is nicer than mine.*
> El traje de mi hermano es más bonito que el mío.
>
> *Robert's ties are always nice.*
> Las corbatas de Roberto siempre son bonitas.

2. Cuando se sobreentiende la palabra: *house, shop, church, garden*, etc.

> *I went to the tobacconist's to buy some cigarettes and a box of matches.*
> Fui al estanquero (a la tienda del estanquero) a comprar cigarrillos y una caja de cerillas.
>
> *One can buy the best ready-made clothes at Maxim's.*
> Se pueden comprar los mejores trajes confeccionados en Maxim.

3. Con expresiones de lugar y de tiempo, y en algunas frases hechas.

> *After a hard day's work I felt rather tired.*
> Después de un día de mucho trabajo, me sentía bastante cansado.
>
> *Next summer (sama:) I'll have a month's holiday.*
> El próximo verano tendré un mes de vacaciones.

Como se puede observar, el orden de los vocablos es el siguiente: poseedor —'s— + cosa poseída (sin artículo).

«El de» cuando es seguido de un genitivo sajón, no se traduce:

> *Is this today's newspaper?*   *No, this is yesterday's.*
> ¿Es este el periódico de hoy?   No, es el de ayer.
>
> *Is this your new dress?*   *No, it isn't. It's Mary's.*
> ¿Es este tu nuevo vestido?   No, es el de María.

Ejercicios

*Ejercicio 1. Completar con **the**, **a** o **an**:*

1. Could you give me .... red pen, please?
2. Did .... lawyer tell you what to do?

3. I went to the police station and asked to talk to .... cop.
4. Did you eat .... cake I made for you?
5. They live in .... old house because they can't afford a new one.

Ejercicio 2. Formar el plural:

1. Potato ....
2. Child ....
3. Woman ....
4. Experience ....
5. Bottle ....

Ejercicio 3. Traducir al inglés usando el genitivo sajón:

1. El coche de Mark es muy veloz.
....

2. El hijo de Susan es mi amigo.
....

3. ¿Has comprado el periódico de hoy?
....

4. La muñeca de Mary está rota.
....

5. La casa de Bill y Maura es grande.
....

Frases útiles

En la aduana

Passport, please.
Por favor, su pasaporte.

Have you anything to declare?
¿Tiene algo que declarar?

Nothing.
Nada.

I have some bottles of whisky and cigarettes.
Llevo algunas botellas de whisky y cigarillos.

Where is the exchange office?
¿Dónde está la oficina de cambio?

What is the purpose of your journey?
¿Cuál es el objeto de su viaje?

I expect to stay... days in this country.
Pienso estar... días en este país.

Please open this suitcase.
Haga el favor de abrir esta maleta.

Must I open this small bag?
¿Debo abrir el maletín?

May I close my bags?
¿Puedo cerrar mis maletas?

Adjetivos

Los adjetivos ingleses son siempre invariables. Ejemplos:

the good father	el buen padre
the good mother	la buena madre
the good sister	la buena hermana
the good sisters	las buenas hermanas

Cuando acompañan a un nombre, los adjetivos en inglés se colocan siempre delante de este.

the big window	la gran ventana, la ventana grande
the pretty house	la bonita casa, la casa bonita
the open door	la puerta abierta
the red book	el libro rojo

Los adjetivos ingleses no pueden utilizarse jamás con valor de sustantivo. Por ejemplo, viejo, joven, pobre, etc., cuando se utilizan en castellano con el significado de un hombre viejo, un hombre joven, un hombre pobre, deben traducirse en inglés añadiendo al adjetivo el sustantivo adecuado, como en los casos citados. Por ejemplo:

A young girl (woman).
Una joven.

A poor man.
Un pobre.

Adjetivos posesivos

Los adjetivos posesivos ingleses son:

My	mi, mis
Your	tu, tus; su, sus (de Vd.)
His	su, sus (de él)
Her	su, sus (de ella)
Its	su, sus (de animal o cosa)
Our	nuestro, nuestra, nuestros, nuestras
Your	vuestro, vuestra, vuestros, vuestras
Their	su, sus (de ellos, de ellas y de animales o cosas)

My house is in Barcelona.
Mi casa está en Barcelona.

Your brother is a doctor.
Tu hermano es médico.

Our friends are kind.
Nuestros amigos son amables.

Are their parents at home?
¿Están sus padres en casa?

His car is not big.
Su coche no es grande.

El adjetivo posesivo se emplea siempre, aunque no se coloque en castellano, delante de los nombres de parientes, trajes y partes del cuerpo. Se suele utilizar también delante de los nombres de las comidas.

Adjetivos calificativos

Son invariables en género y número. Esto significa que son iguales en masculino, femenino, singular y plural.

It is a beautiful horse.
Es un hermoso caballo.

They are beautiful flowers.
Son unas flores bonitas.

She is a beautiful woman.
Es una mujer bella.

He has a beautiful baby boy.
Tiene un hijo muy guapo.

Cuando quiere expresarse el tamaño o la edad, el adjetivo calificativo va después del sustantivo.

This building is thirty years old.
Este edificio tiene treinta años.

The room is 100 sq.m. large.
La habitación mide 100 metros cuadrados.

Si hay más adjetivos que se refieren a la misma persona o cosa, siguen el orden de tamaño, edad, forma, color, origen y materia.

A big, old, round, brown, English wooden table.
Una gran mesa inglesa de madera, vieja, redonda y marrón.

Grados de comparación del adjetivo

Hay cuatro grados de comparación:

— el **grado simple** del adjetivo:

Mary is a pretty girl.
Mary es una chica bonita.

— el grado **comparativo**, que, a su vez, se divide en comparativo de igualdad, superioridad e inferioridad:

Mary is as pretty as Jenna.
Mary es tan bonita como Jenna. (comp. de igualdad)

Mary is prettier than Jenna.
Mary es más bonita que Jenna. (comp. de superioridad)

Mary is less pretty than Jenna.
Mary es menos bonita que Jenna. (comp. de inferioridad)

Mary is not so/as pretty as Jenna.
Mary es menos bonita que Jenna. (comp. de inferioridad)

— el grado **superlativo relativo** de superioridad y de inferioridad:

Mary is the prettiest girl in the school.
Mary es la chica más bonita de la escuela. (sup. de superioridad)

Mary is the least intelligent in the class.
Mary es la chica menos inteligente de la clase. (sup. de inferioridad)

— el grado **superlativo absoluto**:

Mary is very pretty.   *Mary is very intelligent.*
Mary es muy bonita.   Mary es inteligentísima.

Comparativos

COMPARATIVO DE INFERIORIDAD

She is less rich than her sister.
Ella es menos rica que su hermana.

We work less than our father.
Nosotros trabajamos menos que nuestro padre.

Como se ve, las palabras del castellano «menos» y «que» se traducen respectivamente en inglés por **less** y **than**, y ocupan la misma posición que en español.

COMPARATIVO DE IGUALDAD

He is as good as I am.   *He has as much money as I have.*
Él es tan bueno como yo.   Él tiene tanto dinero como yo.

He has as many friends as I have.
Él tiene tantos amigos como yo.

Como puede observarse, la palabra «tanto» se traduce en inglés por **as much**; «tantos, tantas», se traduce por **as many**.

Delante de adjetivos: tanto = **as**.

Si la frase es negativa y no interrogativa se puede usar, en cambio, **so, so much, so many**.

«Como» se traduce siempre por **as**.

Meat is as good as fish, but I prefer fish.[3]
La carne es tan buena como el pescado, pero yo prefiero el pescado.

These vegetables are not as fresh as they seemed.
Esta verdura no es tan fresca como parecía.

You have eaten as much soup as meat. Are you still hungry?
Vosotros habéis comido tanta sopa como carne. ¿Todavía[4] tenéis apetito?

COMPARATIVO DE SUPERIORIDAD

We have more books than you have.
Nosotros tenemos más libros que vosotros.

You work more than we do.
Vosotros trabajáis más que nosotros.

«Más» se traduce generalmente por **more**; el «que» del castellano se traduce por **than**. Sin embargo, cuando el adjetivo que en castellano va precedido de «más» es un adjetivo que en inglés consta de una sola sílaba (o, a veces, de dos), el comparativo se forma añadiendo **-er** al adjetivo.

Nosotros somos más amables que vosotros.
We are kinder than you are.

Kind (amable), **kinder**; **strong** (fuerte), **stronger**; **cold** (frío), **colder**; **mild** (suave), **milder**; **dear** (caro), **dearer**; **bitter** (amargo), **bitterer**, etc.

---

3. En inglés, los nombres empleados en significado general no reciben artículo, aunque este se exprese en castellano.

4. «Todavía» puede traducirse con varias palabras, según el significado:
— *Still* cuando significa «aún»;
— *Yet* si la frase es negativa (*not yet* = todavía no);
— *(Some) more* cuando significa «todavía más, aún más».

Los adjetivos que constan de una sola sílaba y terminan en consonante simple doblan dicha consonante delante de **-er**.

> *This cofee is hotter than yours.*
> Este café está más caliente que el tuyo.

Pero cuidado, los adjetivos que terminan en **-y** cambian la **y** en **i** delante de **-er**.

> *He was happier than you.*
> Él era más feliz que tú.

Superlativos

Superlativo absoluto

Se expresa en castellano añadiendo «-ísimo» al adjetivo o anteponiendo a este «mucho», etc.; en inglés se forma colocando delante del adjetivo la palabra **very**.

> *She is very pretty.*
> Ella es muy guapa. (guapísima)
>
> *This bedroom is very large.*
> Esta habitación es muy espaciosa.

Superlativo relativo

Se expresa en castellano con «el más» y se construye en inglés colocando delante del adjetivo las palabras **the most** (el artículo debe colocarse siempre, aunque no se exprese en castellano).

> *the most beautiful*   el más bonito
> *the most interesting*   el más interesante
> *the most important*   el más importante

Si el adjetivo pertenece al grupo de los que forman el comparativo con **-er**, el superlativo se forma colocando **-est** en lugar de **-er** y anteponiéndole el artículo.

the greatest	el más grande
the coldest	el más frío
the hottest	el más caliente
the kindest	el más amable

Cuando el superlativo relativo es seguido en castellano de la preposición «de», dicha preposición se traduce en inglés con **of (the)**, a no ser que la palabra que siga sea un nombre de lugar. En tal caso, se traduce por **in (the)**.

This is the most intelligent of my pupils.
Este es el más inteligente de mis alumnos.

This girl is the prettiest girl in the world.
Esta muchacha es la muchacha más bonita del mundo.

This is the least cheap shop in this town.
Esta es la tienda menos barata de esta ciudad.

This is the least interesting book of this year.
Este es el libro menos interesante del año (de este año).

COMPARATIVOS Y SUPERLATIVOS IRREGULARES

	Comparativo	*Superlativo relativo*
good (adj.)	**better**	**the best**
bueno	*mejor*	*el mejor*
well (adv.)	**better**	**the best**
bien	*mejor*	*el mejor*
bad (adj.)	**worse**	**the worst**
malo	*peor*	*el peor*
badly (adv.)	**worse**	**the worst**
mal	*peor*	*lo peor*
much	**more**	**the most**
muy	*más*	*el más/el mayor*
many		
muchos		

(Continúa)

little	less	the least
poco	*menos*	*el menor/el mínimo*
far	farther	the farthest (sólo para distancias)
lejano	further	the furthest (para diferentes casos)
	más lejano	*el más lejano*
old	elder	the eldest (sólo para personas)
viejo	older	the oldest (para personas o cosas)
	más viejo	*el más viejo*

Adjetivos demostrativos

Son invariables en género, pero no en número.

Singular	Plural
this *(este/esta)*	these *(estos/estas)*
that *(aquel/aquella)*	those *(aquellos/aquellas)*

Sirven para indicar lo que está cerca (**this** y **these**) y lo que está lejos (**that** y **those**) en el espacio y en el tiempo.

This wine is delicious.
Este vino es delicioso.

These biscuits are low fat.
Estas galletas son dietéticas.

That painting in the museum is very famous.
Esa pintura del museo es muy famosa.

Those people come from the Far East.
Esa gente viene de Extremo Oriente.

Adjetivos indefinidos

Se utilizan para indicar personas o cosas de forma indetermi-nada. **Some** y **any** tienen el significado de «algo de» o «unos, algunos», pero muchas veces no tienen equivalente en español. **No** se emplea con un sustantivo y corresponde a una oración negativa con **any**.

Some, any, no

Some se emplea principalmente en frases afirmativas, o bien en frases interrogativas para ofrecer o pedir algo.

Would you like some coffee?   *We have some problems with the phone.*
¿Te apetecería un café?   Tenemos problemas con el teléfono.

Any se utiliza principalmente en frases negativas, interrogativas e interrogativas negativas cuando se pide información u otras cosas.

Do you have any pets?   *I don't want any sugar in my coffee.*
¿Tienes animales?   No quiero azúcar en el café.

Nota: En español *azúcar* puede ir solo, mientras que en inglés es obligatorio que **sugar** vaya precedido de **any**.

No tiene un valor negativo. Sustituye a **not** si va antes de un nombre. El verbo permanece en forma afirmativa porque **no** ya da sentido negativo a la frase.

No secretary in this office has worked 12 hours a day.
Ninguna secretaria de esta oficina trabajó 12 horas al día.

I have no children.
No tengo hijos.

Little, a little, few, a few

Little es singular y tiene el significado de «poco». **A little** es singular y significa «poco». **Few** es plural y tiene el significado de «pocos». **A few** es plural y tiene el significado de «algunos, unos cuantos, unos pocos». **A little** y **a few** tienen un sentido positivo, al contrario que **little** y **few**.

There is little time left before the concert.
Queda poco tiempo para el concierto.

She's got a little money left.
Le queda un poco de dinero.

We have few clean glasses after a party.
Tenemos pocos vasos limpios tras una fiesta.

I bought a few presents for the party.
Compré unos cuantos regalos para la fiesta.

Much, many, a lot of

Corresponden a *mucho, muchos*.

Much es un adjetivo de cantidad. Sólo precede a nombres en singular. Normalmente se emplea en forma negativa.

He didn't drink much whisky: he preferred coke.
No bebió mucho whisky: prefirió la Coca-Cola.

Many es un adjetivo de cantidad. Sólo precede a nombres en plural. A menudo se utiliza en frases negativas.

She didn't read many books.
No ha leído muchos libros.

A lot of suele emplearse en lugar de **much** y **many** en las frases afirmativas.

There is a lot of smog in Madrid.
Hay mucha polución en Madrid.

There are a lot of tourists in Barcelona.
Hay muchos turistas en Barcelona.

Either, neither

Either generalmente tiene el significado de «o el uno o el otro, uno de los dos».

He asked if either of the girls was at home.
Preguntó si una de las dos chicas estaba en casa.

Either... or... se usa con el significado de «o... o».

Tell me which dress would you like? Choose either this one or that one.
Dime qué vestido te gusta. Elije o este o aquel.

Neither se emplea con el significado de «ni uno ni otro, ninguno de los dos».

Neither man caught a fish.
Ninguno de los dos hombres cogió un pez.

Neither... nor se usa con el significado de «ni... ni».

Neither I nor Mary went to the party.
Ni Mary ni yo fuimos a la fiesta.

Each, every

Corresponden a *cada*, *todos*.
Each se emplea para dos o más personas o cosas vistas por separado.

Each hotel guest received a small gift.
Cada huésped del hotel recibió un pequeño regalo.

Every indica un conjunto. No suele usarse para pequeños grupos de personas.

Every flight from Milan left from Malpensa airport.
Todos los vuelos de Milán han salido del aeropuerto de la Malpensa.

Both, all

Both tiene el significado de «ambos, los dos». Es invariable y puede ir seguido del artículo determinado **the**.

Look at it both ways.
Obsérvalo desde ambos puntos de vista.

Both girls/Both the girls came in late last night.
Las dos chicas regresaron tarde anoche.

Both... and tiene el significado de «tanto... como, no sólo... sino también».

I like both the red bag and the black shoes.
Me gustan tanto el bolso rojo como los zapatos negros.

All se emplea con el significado de «todo, todos» y es invariable. Cuando va seguido de un sustantivo en singular significa «cada». Puede ir seguido del artículo determinado **the**.

All the men fall in love with her.
Todos los hombres se enamoran de ella.

All women should be independent.
Todas las mujeres deberían ser independientes.

Several

Significa «varios, algunos».

I exercise several times a week.
Hago gimnasia varias veces a la semana.

Such

Tiene el significado de «tal/tales, semejante/semejantes, tan, tanto», como en los ejemplos que se exponen a continuación.

Es invariable y nunca va precedido del artículo determinado; cuando se encuentra junto a un nombre singular va seguido del artículo indeterminado **(a/an)**.

> *Such places are dangerous.*
> Tales lugares son peligrosos.

> *He did it with such courage that everybody was amazed.*
> Lo hizo con tanto valor que todos se asombraron.

> *He is special. Such a man should be appreciated.*
> Él es especial. Un hombre semejante debería ser apreciado.

> *He is such a happy man...*
> Es un hombre tan feliz...

Plenty of

Significa «mucho/muchos, de sobra, más que suficiente».

> *We always have plenty of time to listen to the children.*
> Siempre tenemos mucho tiempo para escuchar a los niños.

> *There is plenty of room in this flat.*
> Hay espacio de sobra en este apartamento.

Enough

Tiene el significado de «bastante/lo bastante, suficiente/lo suficiente». Se puede colocar tanto antes como después del nombre.

> *He didn't have enough courage to go.*
> No ha tenido valor suficiente para ir.

> *He didn't study enough to pass the exam.*
> No ha estudiado lo suficiente para aprobar el examen.

Cuando **enough** se refiere a un adjetivo, un adverbio o un verbo en forma conjugada, estos lo preceden.

> The room is not big enough.
> La habitación no es lo bastante grande.

> He didn't study enough for the exams.
> No ha estudiado bastante para los exámenes.

Certain

Se traduce por «cierto/ciertos, un tal», con el significado de «cierta persona» o de «cierta cosa» no especificada y, por lo tanto, indefinida. Si hace referencia a un nombre singular debe ir precedido del artículo indeterminado, mientras que si se refiere a un nombre plural se emplea solo.

> A certain Ms. Smith came to the apartment.
> Una tal señora Smith vino al apartamento.

> Certain problems must be solved.
> Ciertos problemas deben resolverse.

Ejercicios

Ejercicio 1. Completar las oraciones con el comparativo de los siguientes adjetivos y adverbios:

Difficult – efficient – crowded – early – good – slowly – old – far – bad – expensive.

1. A Ferrari is .... than a Fiat.
2. The exam was .... than I hoped: it was very hard to pass it.
3. Jane is studying hard and I think her Italian is getting ....
4. York is .... than Lincoln or Selby.

5. Mark injured himself and the cut was .... than he thought so he had to go to the hospital.

Ejercicio 2. Completar las oraciones usando **much, many, a lot (of)** *o* **several**:

1. He spends .... money gambling.
2. There are .... interesting paintings at the gallery.
3. Can we talk later? I don't have .... time now.
4. The doctor couldn't do .... for that patient.
5. I go to the cinema .... times a week.

Frases útiles

En el hotel

Please, have you any room free?
Por favor, ¿tienen habitaciones libres?

Yes, sir, do you want a double-room or a single-room?
Sí, señor, ¿desea una habitación doble o una habitación individual?

How long will you stay here?
¿Cuánto tiempo estará usted aquí?

We will be staying for five days.
Estaremos durante cinco días.

How much is it a day?
¿Cuánto cuesta al día?

Is breakfast included?
¿El desayuno está incluido?

Would you sign the register, please?
¿Puede firmar en el registro, por favor?

What time does the car/coffee shop close?
¿A qué hora cierra el bar/la cafetería?

At what time shall I call you, sir?
¿A qué hora tengo que llamarle, señor?

Could you have my bill ready tomorrow?
¿Podría tener preparada mi cuenta para mañana?

Pronombres

Pronombres personales

Los pronombres personales en inglés son: **I**, yo; **you**, tú y vosotros; **he**, él; **we**, nosotros; **they**, ellos, ellas.

En la tercera persona existen, además, estos pronombres: **she**, ella; **it**, ello.

They have two brothers.	*The seven windows of the house are red.*
Ellos tienen dos hermanos.	Las siete ventanas de la casa son rojas.

The house has ten windows and two doors; it is very big and pretty.
La casa tiene diez ventanas y dos puertas: es muy grande y bonita.

She (el sonido **sh** es igual al de la **ch** francesa en *chapeau*) se utiliza referido a una persona de sexo femenino; **he** se emplea cuando se habla de una persona de sexo masculino; **it** se usa referido a un animal, una cosa o un niño pequeño del que no se especifica el sexo.

En inglés, el verbo debe ir precedido siempre de un pronombre personal, a no ser que el sujeto esté expresado por un nombre u otro pronombre.

La casa es alta.	*The house is tall.* (sujeto expresado: la casa)
Es muy bonita.	*It is very pretty.* (si se habla de una cosa)
Es muy guapa.	*She is very pretty.* (si se habla de una mujer)

Es muy guapo.	*He is very handsome.* (si se habla de un hombre)[5]
¿Es bonita esta casa?	*Is this house pretty?*
¿Es bueno tu padre?	*Is your father good?*
Ellos tienen dos hermanos.	*They have two brothers.*

Pronombres posesivos

Los adjetivos posesivos ingleses son:

Mine	mío, mía, míos, mías
Yours	tuyo, tuya, tuyos, tuyas; suyo, suya, suyos, suyas (de Vd.)
His	suyo, suya, suyos, suyas (de él)
Hers	suyo, suya, suyos, suyas (de ella)
Its	suyo, suya, suyos, suyas (de animal o cosa)
Ours	nuestro, nuestra, nuestros, nuestras
Yours	vuestro, vuestra, vuestros, vuestras; suyo, suya, suyos, suyas (de Vds.)
Theirs	suyo, suya, suyos, suyas (de ellos, de ellas y de animales o cosas)

| *This house is mine.* | *My name is Brian. What's yours?* |
| Esta casa es mía. | Mi nombre es Brian. ¿Cuál es el tuyo? |

| *This car is hers.* | *This is theirs.* |
| Este coche es suyo (de ella). | Esto es suyo (de ellos). |

Pronombres demostrativos

Los pronombres demostrativos, como los adjetivos demostrativos, son invariables en género, es decir, son los mismos para

---

5. *Handsome* (guapo, bien parecido) se usa cuando se habla de un hombre. En sentido general, se utiliza la palabra *pretty*. *Beautiful* se emplea únicamente referido a algo indiscutiblemente bello.

el masculino, el femenino o el neutro, pero sí cambian de número.

Singular		Plural	
this	este, esta	**these**	estos, estas
that	ese, esa/aquel, aquella	**those**	esos, esas/aquellos, aquellas

A diferencia de los adjetivos demostrativos, hacen la función del nombre sustituyéndolo. Sirven para indicar lo que está cerca y lo que está lejos en el espacio o en el tiempo.

This is my telephone number.
Este es mi número de teléfono.

Is that a good school?
¿Es esa una buena escuela?

These are my shoes.
Estos son mis zapatos.

Those are my parents.
Aquellos son mis padres.

Pronombres relativos e interrogativos

Los pronombres relativos (que, el cual, la cual, etc.) y los interrogativos (¿quién?, ¿de quién?, etc.) son en inglés:

— si se habla de personas:

Who: sujeto del verbo (quien, que).
Whom: complemento del verbo, y si es precedido de preposición (a quien, que).
Whose: del cual, de la cual, cuyo, etc.

— si se refiere a cosas:

Which: en todos los casos.
Como pronombre relativo, referido tanto a personas como a cosas, puede utilizarse también **that**; sin embargo, este no puede ir nunca precedido de preposición. Si se emplea **that**, la preposición debe desplazarse al final de la frase. **That** es el único pronombre relativo que no puede utilizarse en las frases

interrogativas. Como ya hemos visto, se emplea, en cambio, para traducir la conjunción «que».

Whose (cuyo, cuya, del cual, etc.) se emplea sólo referido a personas y debe seguirle siempre la cosa poseída.

> *The man whose goodness we admire is the father of my friend.*
> El hombre cuya bondad admiramos, es el padre de mi amigo.

(En los ejemplos emplearemos todos estos pronombres; es aconsejable, sin embargo, si se teme un error, utilizar siempre **that** para traducir los pronombres relativos, sujetos y complementos. Para los relativos precedidos de preposición, **whom** referido a personas y **which** referido a cosas).

> *Who is the man whom (that) you saw yesterday?*
> ¿Quién es el hombre que visteis ayer?

> *Have you seen the car (that) I have bought?[6]*
> ¿Habéis visto el coche que he comprado?

> *The young lady with whom you left last week is my teacher's sister. Did you know her?*
> La señorita con la que partisteis la semana pasada es la hermana de mi profesor. ¿La conocíais?

«Quien» hace referencia a veces en castellano a aquel que, aquellos que, etc. En inglés debe traducirse siempre como si ambas palabras estuvieran expresadas.

> Aquel que   *He who, the man who, he whom (he that), etc.*
> Aquella que   *She who, the woman who, the woman that, etc.*
> Aquellos que *Those who (whom), people who, etc.*

> *He who does not love animals cannot be good.*
> Quien (aquel que) no ama a los animales no puede ser bueno.

> *Those who saw her have said that she is really a great actress.*
> Quienes la han visto han dicho que es verdaderamente una gran actriz.

---

6. *Whom* y *that* pueden omitirse en algunas ocasiones cuando siguen inmediatamente a la palabra a la que se refieren.

«¿Cuál?» se traduce por:

What? si posee significado genérico.

Which? cuando indica una elección en un determinado grupo de cosas o de personas.

«¿Qué?» se traduce por **what?**

(Como es natural, no es necesario que una frase presente signo interrogativo para que se utilicen los pronombres interrogativos; se emplean también en frases interrogativas indirectas.

What is the matter with you?	*What is the way to the station?*
¿Qué te pasa?	¿Cuál es el camino a la estación?
Which is the shortest way to the airport?	
¿Cuál es el camino más corto al aeropuerto?	
Which is your bag?	*This one.*
¿Cuál es tu maleta?	Esta.
Which is your stop?	*The next one.*
¿Cuál es tu parada?	La próxima.

Si observamos las dos últimas frases, veremos que en las respuestas «esta» y «la próxima», **this** y **the next** se acompañan de **one**. **One**, en este caso, sustituye las palabras **bag** y **stop**. En efecto, en inglés, no puede utilizarse ningún adjetivo para sustituir a un sustantivo. Si el nombre acaba de expresarse, como en las dos frases anteriores, se sustituye por **one**.

Pronombres reflexivos

Los pronombres reflexivos (me, te, se, os) son en inglés:

myself	**yourself**
me	te
mí mismo	ti mismo
(me = a mí = *to me*)	(a ti = *to you*)

(Continúa)

himself	**herself**
(ref. a un hombre)	(ref. a una mujer)
se	se
sí mismo	sí misma
itself	**ourselves**
(ref. a una cosa)	
se	nos
sí mismo	nosotros mismos
(nos = a nosotros = *to us*)	
yourselves	**themselves**
(ref. a plural)	
os	se
vosotros mismos	sí mismos
(os = a vosotros = *to you*)	

Los pronombres reflexivos sirven, además, para conjugar los verbos reflexivos, como veremos más adelante, y también para reforzar los pronombres personales y los nombres.

> *The teacher himself did not know it.*
> El mismo profesor no lo sabía (ni siquiera el profesor).

> *I myself will go and speak to him.*
> Yo mismo iré a hablarle.[7]

Los pronombres reflexivos precedidos de **by** significan «por sí solo, con sus propias fuerzas».

> *I solved this problem by myself.*
> Resolví este problema por mí mismo. (yo solo sin la ayuda de nadie)

«Se» cuando no se refiere a ninguna persona en particular (es decir, siempre que el verbo esté en infinitivo; ejemplo: verse) se traduce por **oneself**.

---

7. Cuando hay un verbo de movimiento seguido de *a* + infinitivo en inglés se prefiere, generalmente, conjugar también el segundo verbo y unir los dos verbos mediante la conjunción **and**. Iré a hablarle = iré y le hablaré.

Pronombres recíprocos

El pronombre recíproco **each other** se emplea con el significado de «el uno al otro» cuando la acción recíproca se produce entre dos personas.

> *We telephone each other once a day.*
> Nos llamamos por teléfono (el uno al otro) una vez al día.

One another se emplea cuando la acción se produce entre más de dos o entre un número indeterminado de personas.

> *She told the three brothers to love one another.*
> Dijo a los tres hermanos que se quisieran. (los unos a los otros)

El pronombre indefinido español «se»

En algunos casos, la frase en castellano con «se» puede traducirse de varias maneras, conservando siempre el mismo significado.

> Se dice   = *it is said* (es dicho)
>   = *people[8] say* (la gente dice)
>   = *they say* (dicen)

> Se puede ver = *it can be seen* (puede ser visto)
>   = *we can see* (podemos ver)
>   = *people can see* (la gente puede ver), etc.

La elección de la frase es a veces indiferente, cualquiera va bien. Otras veces, se sigue el sentido o el oído.
Obsérvese:

> Me dicen   = *I am told*   Se me ha dicho = *I was told*
> Se me informa   He sabido, etc.

---

8. La palabra *people* cuando significa «la gente» no añade la **-s** de plural, pero se considera como plural.
   People cuando significa «pueblo» forma un plural regular: *peoples* = los pueblos.

How much? How many? How long? How often? How?

How much? corresponde al pronombre interrogativo «cuánto» o al adjetivo interrogativo «cuánto/cuántos». En este último caso va seguido del nombre en singular y se emplea siempre con nombres no contables.

> *How much is it?/How much does it cost?*
> ¿Cuánto cuesta?
>
> *How much milk does the baby drink?*
> ¿Cuánta leche bebe el niño?

How many? corresponde al pronombre interrogativo «cuántos» o al adjetivo interrogativo «cuántos, cuántas». En este último caso va seguido de un nombre en plural y se emplea para nombres contables.

> *«I sold 1,000 tickets». «How many?».*
> «He vendido 1.000 tíquets». «¿Cuántos?».
>
> *How many times shall I repeat it?*
> ¿Cuántas veces debo repetirlo?

How long? significa «cuánto tiempo» o «durante cuánto tiempo».

> *How long did you stay in New York?*
> ¿Cuánto tiempo has estado en Nueva York?

How often? significa «cuántas veces, cada cuánto».

> *How often do you visit your parents?*
> ¿Cada cuánto visitas a tus padres?

How far significa «a cuánto está, a cuánto queda».

> *How far is the Amazon from here?*
> ¿A cuánto está de aquí el Amazonas?

> *How far is it to the station?*
> ¿A cuánto queda la estación?

How old significa «cuántos años, qué edad» (se emplea con el verbo **to be**).

How old are you?	*How old is the baby?*
¿Cuántos años tienes?	¿Cuánto tiempo tiene el bebé?

Ejercicios

Ejercicio 1. Completar con un pronombre demostrativo:

1. .... is what you say but I can't believe it!
2. .... is my brother over there.
3. .... over there are my dearest friends.
4. .... are not my parents. My parents are .... in the corner of the room.
5. «Which are the trees you planted?». «.......... in the back yard».

*Ejercicio 2. Completar las oraciones usando **which, whom** o **whose**:*

1. .... car broke down?
2. To .... address did you send your letter?
3. With .... will you go on vacation?
4. .... actor do you like best?
5. For .... is this present?

Frases útiles

En la ciudad

Could you tell me what are the typical places to visit in town?
¿Haría el favor de decirme qué lugares típicos hay en la ciudad?

Is the Museum far?
¿Está muy lejos el museo?

Can you tell me on what days and at what time it is open?
¿Podría indicarme los días y horas de visita?

Where does this bus go to?
¿Adónde va este autobús?

Take the one behind.
Tome usted el siguiente.

The underground is the fastest, and it leaves you very near.
El metro es muy rápido y le deja cerca.

How do I get to...?
¿Por dónde se va a...?

Can you show me on the map?
¿Puede mostrármelo en el mapa?

Go straight ahead.
Siga todo derecho (recto).

Turn right/left at the traffic light.
Gire a la derecha/izquierda en el semáforo.

Adverbios

La formación de los adverbios

Los adverbios se forman añadiendo a los adjetivos (de los que derivan la mayor parte de los adverbios) el sufijo **-ly**, que corresponde al sufijo español **-mente**.

sure	seguro	*surely*	seguramente

Existen algunas excepciones:

true	verdadero	*truly*	realmente
due	debido	*duly*	debidamente
whole	entero	*wholly*	enteramente, por completo

La **-y** a final de palabra se transforma en **-ily**.

easy	fácil	*easily*	fácilmente

La **-l** a final de palabra se transforma en **-lly**.

cruel	cruel	*cruelly*	cruelmente

La **-ll** a final de palabra toma una **-y**.

full	lleno	*fully*	plenamente

Si **-le** va precedida de consonante se transforma en **-ly**.

sensible	sensato	*sensibly*	sensatamente

La **-ic** a final de palabra toma la desinencia **-ally**.

specific   específico   specifically   específicamente

Hay algunos adjetivos terminados en **-ly** que no cambian al adoptar la forma adverbial.

daily   diario, a diario
weekly   semanal, semanalmente
monthly   mensual, mensualmente
yearly   anual, anualmente
calmy   tranquilo, con calma
early   enseguida, pronto, temprano
leisurely   pausado, lentamente

Además de estos últimos, hay otros adjetivos que tampoco varían.

hard   duro, duramente
cheap   barato, a buen precio
ill   enfermo, malo, mal
deep   profundo, de profundidad
late   tarde, con retraso, últimamente
fast   rápido, deprisa, rápidamente
high   alto
low   bajo
near   cercano, próximo
far   lejano, distante
much   mucho, muy
little   poco

Adverbios de modo

Generalmente el adverbio de modo se coloca al final de la frase después del verbo y de su complemento directo, si lo hay. Responde a la pregunta **how?** (¿cómo?).

sujeto + verbo + adverbio de modo

He drives slowly.   Él conduce despacio.

El adverbio de modo puede ir delante de la preposición o después del objeto.

verbo + preposición + objeto

He talked to her angrily./He talked angrily to her.
Le habló con enfado.

Adverbios de tiempo

Generalmente, el adverbio de tiempo se coloca al comienzo o al final de la frase. La posición final es más frecuente. Responde a la pregunta **when?** (¿cuándo?).

adverbio de tiempo + sujeto + verbo + complemento directo

Yesterday I met him.   Ayer lo vi.

sujeto + verbo + complemento directo + adverbio de tiempo

I met him yesterday.   Lo vi ayer.

Still significa «todavía, aún» en las frases afirmativas. En lo que respecta a su posición en la frase, suele seguir las siguientes reglas:

sujeto + to be + still...

We are still in the meeting.
Estamos todavía en la reunión.

Where is Paul? Is he still washing his car?
¿Dónde está Paul? ¿Aún está lavando el coche?

sujeto + still + verbo...

He still loves you.   Él todavía te quiere.

Excepcionalmente **yet**, que corresponde a «todavía» en las frases negativas, sigue diferentes reglas de posición. En oraciones como la del ejemplo siguiente, **yet** se coloca al final de la frase.

sujeto + verbo auxiliar + negación + participio pasado + yet

(He is still washing his car). He hasn't finished yet.
(Todavía está lavando el coche). No ha terminado todavía.

Adverbios de lugar

Generalmente, el adverbio de lugar se coloca después del complemento directo, si lo hay, y en caso contrario, después del verbo. Responde a la pregunta **where?** (¿dónde?). Los principales adverbios de lugar son:

here	aquí
there	ahí, allí
over there	por allí
somewhere	en alguna parte, a alguna parte (en frases afirmativas)
anywhere	en alguna parte, a alguna parte (en frases interrogativas)
	en ninguna parte, a ninguna parte (en frases negativas, junto a la negación)
anywhere	en cualquier parte, a cualquier parte (en frases afirmativas)
nowhere	en ninguna parte, a ninguna parte

sujeto + verbo + complemento directo + adverbio de lugar

She cooked dinner here.
Hizo la cena aquí.

Where is my wallet? There it is!
¿Dónde está mi cartera? ¡Allí!

Paul and Mary went to Glasgow last week. They went there by train.
Paul y Mary fueron a Glasgow la semana pasada. Fueron en tren.

Can you see John? Yes, he is over there, in front of the chemist's.
¿Puedes ver a John? Sí, está por allí, frente a la farmacia.

I can't remember where I put my gloves. They must be somewhere in this room.
No recuerdo dónde he puesto mis guantes. Deben estar en alguna parte
  de la habitación.

Have you seen them anywhere?	*They are nowhere.*
¿Los has visto en algún lado?	No están en ningún sitio.

Ejercicios

Ejercicio 1. Construir oraciones ordenando correctamente las palabras:

1. what/do/often/they/read
....
2. always/Mark/wins/at tennis
....
3. shelf/high/is/too/the
....
4. this food/excellent/is/absolutely
....
5. weather/fortunately/good/is/the
....

Ejercicio 2. Reescribir las oraciones colocando el adverbio en el lugar correcto:

1. I have done always what I believe in strongly.
....
2. I haven't yet written the letter.
....
3. Mark loves still Lucy.
....
4. Do you go to the cinema often?
....
5. I say always what I think.
....

Frases útiles

En el restaurante

I would like to reserve (book) a table for two/four/five.
Quiero reservar una mesa para dos/cuatro/cinco.

How long do we have to wait for a table?
¿Cuánto tiempo tenemos que esperar para una mesa?

What time do you stop serving lunch/breakfast/dinner?
¿A qué hora terminan de servir la comida/el desayuno/la cena?

Where is the cloakroom/women's lavatory/men's lavatory?
¿Dónde está el guardarropa/servicio de señoras/servicio de caballeros?

Can you serve us right away?
¿Puede servirnos enseguida?

What is the soup of the day?
¿Cuál es la sopa del día?

What else would you like?
¿Qué más desean los señores?

Veal cutlets and fried potatoes.
Unas chuletas de ternera con patatas fritas.

For me, chicken and salad.
Para mí, pollo asado con ensalada.

May we have the bill, please?
¿Nos trae la cuenta, por favor?

Preposiciones

Las principales preposiciones inglesas son:

---

at, in, into, on, onto, to, till, until, after, from, by, off, out, from, since, for, during, before, above, over, under, beneath, between, among, beside, behind, in front of, opposite.

Es preferible no indicar una traducción precisa de cada preposición inglesa, porque no suelen corresponder a las españolas. Las preposiciones españolas «de, a, por, para» delante de un infinitivo no suelen traducirse, pues en inglés el infinitivo sólo puede ir precedido de la preposición **to**.

He tried to find the book.   I read to learn.
Trató de encontrar el libro.   Leo para aprender.

En inglés no existen las contracciones formadas por preposiciones y artículos, de modo que las preposiciones permanecen siempre separadas del artículo.

al   **of the, on the, in the**, etc.
del   **of the, from the**, etc.

En español decimos: *antes de, detrás de, por abajo*, etc., mientras que en inglés se omite por lo general la segunda preposición.

before her	antes de ella
down the road	por la calle abajo
behind me	detrás de mí

Las preposiciones requieren en inglés la utilización del gerundio.

| *before sleeping* | *after having lunch* |
| antes de dormir | después de comer |

They are far from reaching the goal.
Están lejos de llegar a la meta.

They are very good at playing guitar.
Son muy buenos tocando la guitarra.

To es la excepción, pues rige el infinitivo, salvo con **to look forward to** (esperar que) que rige el gerundio, como en los ejemplos siguientes.

She asked me to go on holiday with her.
Me pidió que fuera de vacaciones con ella.

I look forward to hearing from you.[9]
Espero saber pronto de ti.

En inglés existen también **preposiciones compuestas**, formadas por una preposición combinada con un adverbio: **according to**, **because of**, **in spite**, etc.

According to this map there is no motorway between these two towns.
Según este mapa no hay ninguna autopista entre estas dos ciudades.

The flight was delayed because of the snow.
El vuelo se retrasó a causa de la nieve.

The plane left on time in spite of the bad weather.
El avión salió puntualmente a pesar del mal tiempo.

---

9. Esta expresión se emplea al final de una carta y corresponde a la fórmula española «quedo a la espera de la próxima comunicación».

Preposiciones de tiempo

Para indicar la hora o el momento preciso en que se produce una acción, se usa **at**.

We left at 8 o'clock.
Salimos a las 8 en punto.

I got up at dawn.
Me levanté al amanecer.

Para indicar un día de la semana o del mes y con las palabras que terminan en **-day** (ej. holiday) se usa **on**.

They came on Sunday.
Vinieron el domingo.

We will leave on the 25th of April.
Nos iremos el 25 de abril.

Para indicar meses, estaciones, años o una parte del día (mañana, tarde, noche), salvo **at night** (de noche), se emplea **in**.

in January   en enero
in summer   en verano

in the morning   por/de la mañana
in the afternoon   por la tarde

Para indicar un plazo bien definido se emplea **by**.

He will be there by Monday.
Estará allí para el lunes.

I will be in by 12 o'clock.
Estaré en casa a las 12 en punto.

Para indicar un plazo dentro de un periodo se usa **within** (dentro de, antes de).

The building will be finished within the year.
El edificio estará terminado antes de que acabe el año.

Para formar expresiones de tiempo iniciadas en el pasado se emplea **since** si se quiere señalar el momento específico de tiempo y **for** para indicar sólo el periodo.

I have been living in Madrid since 1998.
Vivo en Madrid desde 1998.

I have been living in Madrid for 3 years.
Vivo en Madrid desde hace 3 años.

Preposiciones de lugar

Movimiento a, hacia

To expresa en inglés movimiento hacia un lugar.

> *I would like to go to the theatre tonight.*
> Me gustaría ir al teatro esta noche.
>
> *I went to Australia.*
> Fui a Australia.

Pero en cambio no se incluye cuando se emplea la expresión **go home**:

> *Yesterday I went home at 10.30.*
> Ayer me fui a casa a las 10.30.

Movimiento de, desde

From indica procedencia, lejanía, origen.

> *She received a letter from Taiwan.*
> Recibió una carta de Taiwán.
>
> *I took a plane from London to Madrid.*
> Tomé un avión de Londres a Madrid.

Estado en

In se emplea para lugares grandes (grandes ciudades, capitales, regiones, estados, continentes), pero se utiliza también para pueblos si el que habla vive allí.
At indica lugares pequeños (aldeas, pueblos, pequeñas islas y ciudades).

She lived in Belgium.	He lived at Tioman Island.
Ella vivió en Bélgica.	Vivió en la isla de Tioman.

Estado dentro de

In es la preposición más empleada. **At** se utiliza si el lugar es considerado un punto de referencia.

I saw her in the shop.	I met her at school.
La vi en la tienda.	Nos encontramos en la escuela.

Movimiento hacia dentro de

Into se emplea con verbos de movimiento, indica movimiento del exterior hacia el interior.

She walked into the Telecom building.
Entró en el edificio de la Telecom.

Movimiento por

Through (a través de, por, de un lado al otro) indica un recorrido que va de un extremo al otro de un lugar.
   Across (a través de) sugiere que el movimiento se produce sobre una superficie.

He walked through the lobby.	The ship sailed across the ocean.
Pasó por la entrada del hotel.	El barco atravesó el océano.

Movimiento en

In se emplea para el movimiento en el interior de un lugar muy concreto.

The people strolled in the shopping mall.
La gente paseaba por el centro comercial.

Preposiciones de medio

By

Se emplea con medios de transporte y de comunicación y en expresiones como *por mar* **(by sea)**, *por tierra* **(by land)**, *por aire* **(by air)**.

Stephanie and Martha went to the Fiji Islands by plane.
Stephanie y Martha fueron a las islas Fiji en avión.

I prefer to go to Geneva by car.
Prefiero ir a Ginebra en coche.

In

Se utiliza cuando el medio de transporte va acompañado de un adjetivo posesivo o del nombre del poseedor mismo.

We went to Ibiza in his personal jet.
Fuimos a Ibiza en su jet personal.

With

Se usa para expresar el medio o el instrumento.

We ate the noodles with chop sticks.
Nos comimos los espaguetis con palillos.

Ejercicios

*Ejercicio 1. Completar las oraciones con **in**, **on** o **at**:*

1. Peter's birthday is .... the 14th of September.
2. Susan can't talk to you: she's having a shower .... the moment.

3. They usually go to church .... Sundays.
4. Her contract expires .... the beginning of March.
5. .... two days we are going to visit our cousins in Liverpool.

*Ejercicio 2. Completar las oraciones con **to**, **into** o **from**:*

1. My parents go .... the theatre twice a month.
2. I received a book .... Mark.
3. Mary put the watch .... its box.
4. Alice and Emily went .... Australia for their vacation.
5. Peter went .... his office to look for my notebook.

Frases útiles

En el banco

I want to exchange one hundred dollars.
Quiero cambiar cien dólares.

What is the exchange rate?
¿A cuánto está el cambio?

I want to withdraw money from my credit card.
Quiero sacar dinero con mi tarjeta de crédito.

I want to cash some traveller's cheques.
Quiero hacer efectivos algunos cheques de viaje.

How much do you want to exchange?
¿Cuánto quiere cambiar?

What are the bank charges?
¿Cuánto es la comisión bancaria?

Can you cash a personal cheque?
¿Puede cambiar un cheque personal?

Can you phone my bank?
¿Puede llamar a mi banco?

Has my bank transfer arrived?
¿Ha llegado mi transferencia bancaria?

I would like large notes/small notes.
Quiero billetes grandes/billetes pequeños.

Conjunciones

Conjunciones causales

because, for	porque, puesto que, ya que
since, as	desde que, como
in as much as	en cuanto que
why	por qué

I went to bed early because I was tired.
Me fui a la cama temprano porque estaba cansado.

As I was hungry, I ate all the biscuits.
Como tenía hambre, me comí todas las galletas.

Conjunciones concesivas

though, although	aunque, si bien
even though, even if	incluso si
provided (that)	si, siempre que
unless	a menos que, a no ser que

(Even) though it was expensive, I bought it.
Aunque era caro, lo compré.

I am coming by train provided that the strike will be cancelled.
Iré en tren siempre que la huelga se haya suspendido.

Paul will buy that old car, unless it costs too much.
Paul comprará ese viejo coche a menos que le cueste demasiado.

Conjunciones condicionales

whether, if	si

If it rains, I'll stay at home.
Si llueve, me quedaré en casa.

I don't know whether they are coming today or tomorrow.
No sé si vendrán hoy o mañana.

Conjunciones disyuntivas

either... or	o... o
whether... or	si... o
or	o, o bien

Either I will go out with someone, or I will stay at home.
Saldré por ahí con alguien o me quedaré en casa.

Whether he failed from incompetence or bad luck, he missed a good opportunity.
Que fallara por incompetencia o por mala suerte da igual, perdió una buena oportunidad.

Conjunciones adversativas

however	pero, sin embargo
nevertheless	no obstante
but	pero
still, yet	aun así, sin embargo

They will finish it, however long it will take them.
Lo acabarán, por mucho que tarden.

I am not hungry, but I must eat.
No tengo hambre, pero debo comer.

Conjunciones consecutivas

so that	tan... que, tanto que
so as	de modo que, para que

The actor played so well that nobody realized that the original plot was different.
El actor recitó tan bien que nadie se dio cuenta de que la trama original era diferente.

It is so obvious as to need no explanation.
Es tan obvio que no precisa explicación.

Conjunciones copulativas

also, too, even	también, además	neither	ni, tampoco
and	y, e	neither... nor	ni... ni
nor	ni, tampoco		

Hay que prestar una especial atención al uso de **nor** y de **neither... nor**.

I shall not go to the Smiths' any more, nor do I care.
No volveré a la casa de los Smith, ni me importa.

Neither my husband nor I was present.
Ni mi marido ni yo estábamos presentes.

Conjunciones ilativas

therefore, so	por lo tanto, por eso
then	entonces, pues

Conjunciones comparativas

as if, as though	como si
as... as	tan... como, tanto como
as well as	además de
both... and	tanto... como, y además
than	que

He behaved as if he had been admitted to that college.
Se comportaba como si hubiese sido admitido en ese colegio.

It is more important than I thought.
Es más importante de lo que pensaba.

Conjunciones declarativas

that	que

What is she saying? She is saying that she is in a hurry.
¿Qué está diciendo? Está diciendo que tiene prisa.

Conjunciones temporales

before	antes de (que)
after	después de (que)
till, until	hasta (que)
since	desde (que)
when	cuando
while	mientras
as soon as	apenas, en cuanto
as long as	mientras
no sooner... than	apenas

Hay que prestar mucha atención al uso particular de cada una de estas conjunciones, sobre todo en lo referente a la forma verbal y a la estructura de la frase que requieren.

Before going out, please check if you have closed all the windows.
Antes de salir, por favor, asegúrate de haber cerrado todas las ventanas.

After hearing that story, I left the party.
After having heard that story, I left the party. (menos frecuente)
Después de escuchar aquella historia, me fui de la fiesta.

We waited for you till midnight.
Te esperamos hasta medianoche.

Mr. Smith's secretary has been typing his letters since she arrived early this morning.
La secretaria del señor Smith está escribiendo sus cartas desde que llegó esta mañana temprano.

They always watch TV while they are eating.
Ven siempre la televisión mientras comen.

As soon as their parents came in, they stopped screaming.
En cuanto entraron sus padres, dejaron de gritar.

As long as you stay here, you will have someone to talk to.
Mientras estés aquí, tendrás alguien con quien hablar.

No sooner had she come in than somebody knocked at the door.
Apenas había entrado cuando alguien llamó a la puerta.

Conjunciones finales

to, in order to, so as to (seguido de frase implícita)	→ para, con la intención de, de modo que
so that, in order that (seguido de frase explícita)	→ así, para, de modo que

They left early in order to arrive before it got dark.
Salieron temprano para llegar antes de que se hiciese de noche.

I have opened the door, so that you can hear me from your room.
He abierto la puerta, así puedes escucharme desde tu habitación.

Ejercicios

*Ejercicio 1. Completar las oraciones con **beacause** o **why**:*

1. I'm wondering .... he doesn't like me.
2. «Why did you slap him?». «I did it .... I was angry».
3. The days were short .... it was December.
4. She's working .... she needs the money.
5. I don't know .... Mary is not here.

Ejercicio 2. *Completar las oraciones con la conjunción más adecuada:*

However – as if – therefore – also – either... or... – in order to
– besides – yet – so that – whether... or...

1. She is honest and intelligent and .... you don't like her.
2. .... doing the cooking he looks after the garden.
3. I'll give this book to Tom. .... he may not want it.
4. There is fog at Malpensa .... my flight has been diverted.
5. John .... came with us to the swimming pool.

Frases útiles

De compras

Where is the... department?
¿Dónde está la sección de...?

I like this dress.
Me gusta este vestido.

I'd like this blouse in another colour.
Me gusta esta blusa en otro color.

This is too big/small/long/short.
Es demasiado grande/pequeño/largo/corto.

I'd like to see the shoes you have in the window.
Me gustaría ver los zapatos que tienen en el escaparate.

These shoes are too wide/narrow.
Estos zapatos son demasiado anchos/estrechos.

That's not what I want.
No es el que quiero.

Please, show me some wrist watches.
Por favor, enséñeme relojes de pulsera.

I want to see pearl earrings/rings/pendants/chokers.
Quiero ver pendientes/sortijas/colgantes/gargantillas de perlas.

Verbos I

El verbo es la palabra que se emplea en la oración para expresar la existencia, condición o estado del sujeto, las acciones que lleva a cabo o las que recibe.

Desde el punto de vista funcional, el verbo es siempre el núcleo sintáctico del predicado de la oración. En relación con su naturaleza gramatical, puede llevar o no complementos.

Existen dos clases de verbos:

— verbos ordinarios, pertenecientes a la primera clase, que se subdividen en verbos regulares e irregulares y que en infinitivo van precedidos de **to**.
— verbos auxiliares que pertenecen a la segunda clase y que son: **to be**, **to have**, **to do**, más los verbos auxiliares modales.

Verbos ordinarios: regulares/irregulares

Los verbos regulares tienen una sola forma para todas las personas salvo para la tercera persona del singular, en la que se añade una **-s** final en el presente simple.

Se añade la desinencia **-ed** a la raíz del infinitivo para formar el pasado y el participio pasado. Véase a partir de la pág. 123 la lista de los verbos irregulares con el paradigma mediante el que se forman todos los tiempos y modos verbales.

Verbos auxiliares

Como su nombre indica, son verbos de «ayuda», pues sirven para formar los tiempos compuestos de todos los demás verbos. Los verbos auxiliares ingleses son **to be**, **to have** y **to do**. Pueden emplearse solos o bien unidos a otros verbos. El auxiliar **to do** sirve para formar las frases interrogativas, negativas e interrogativas.

En inglés sólo hay dos tiempos que se construyan sin verbo auxiliar: el **present simple** y el **past simple**.

En las oraciones negativas se usa **be**, **have** y **do/does** + **-n't/not**.

En las oraciones interrogativas los verbos auxiliares van delante del verbo principal.

En las oraciones interrogativas negativas los verbos auxiliares también van delante del verbo principal.

Los verbos auxiliares se emplean también en las **question tags** (véase pág. 114), en las respuestas cortas, en las que se añaden a las oraciones enunciativas y en las formas enfáticas.

To be

Se usa:

— con un sustantivo o adjetivo (atributo) o con un complemento;
— como verbo auxiliar en la forma activa;
— como verbo auxiliar en las oraciones pasivas.

En inglés, el auxiliar **to be** no se usa nunca en la formación de los tiempos compuestos; en estos casos se emplea **to have**.

It + be

Se emplea la construcción **it + be**, siempre con la tercera persona del singular, en la posición de sujeto (elíptico) de verbos y expresiones verbales impersonales.

It's big!	*Today it's a beautiful day.*
¡Es grande!	Hoy es un hermoso día.

There + be

El verbo debe concordar siempre con el sustantivo que le sigue. Esta expresión, **there be**, se usa para indicar la existencia o la presencia de algo/alguien; equivale al *hay* español. El sustantivo que sigue a la construcción no lleva el artículo **the**, pero sí puede ir precedido de **a**, **some**, **any** o **no**.

There is a dog in your yard.	*There are many people in the garden.*
Hay un perro en tu patio.	Hay muchas personas en el jardín.

To have

Se usa:

— como verbo auxiliar en la formación de los tiempos compuestos;
— **have (got)** con significado de «poseer»;
— **have to** con significado de «deber»;
— como verbo principal tiene varios significados: «comer, beber, tomar un baño, descansar, hablar, ocurrir y mirar», aunque este último sólo en la expresión **have a look**.

Susan has got two brothers.
Susan tiene dos hermanos.

I'am dirty. I'm going to have a shower.
Estoy sucio. Voy a darme una ducha.

To do

Se usa como verbo auxiliar:

— en el **present simple** y **past simple** para formar oraciones interrogativas, negativas, interrogativas negativas y en las respuestas breves;
— en el imperativo negativo.

How much does this sweater cost?   *Don't help me!*
¿Cuánto cuesta este jersey?   ¡No me ayudes!

Se usa como verbo principal:

— con el significado de «hacer», cuando se habla de una acción sin saber o decir realmente de qué acción se trata;
— con el significado de «trabajar en algo, terminar».

Do it!
¡Hazlo!

We are doing a tennis course to improve our game.
Estamos haciendo un curso de tenis para mejorar nuestro juego.

Verbos auxiliares modales

Son verbos de apoyo y, por lo tanto, van unidos a otros verbos. Son: **can/could, may/might, must, shall, should, ought to, to dare, to need**. Pasado, futuro e infinitivo se sustituyen por otros verbos, salvo para los verbos **to dare** y **to need**, que son semimodales. Los verbos modales tienen algunas particularidades:

— no toman la **-s** en la tercera persona del singular ni van seguidos de **to**, salvo los semimodales;
— no toman el auxiliar **to do** cuando forman las frases interrogativas, negativas, interrogativas negativas, salvo los semimodales, que disfrutan de ambas formas;
— no tienen forma pasiva ni progresiva, ni futuro.

Poder

> Can/Could/To be able to
> cannot (can't)/could not (couldn't)/was not (wasn't) + able to,
> were not (weren't) + able to

Can es la forma del presente de indicativo. Se emplea para expresar un permiso o la capacidad para hacer algo. Se utiliza siempre con los verbos de los sentidos y del intelecto (**hear, see, feel, speak, understand**).

She can go out on Saturday nights.
Ella puede salir el sábado por la noche. (tiene permiso)

I can't understand this sentence.
No entiendo esta frase. (no puedo entender esta frase)

How many languages can you speak?
¿Cuántos idiomas hablas? (¿cuántos puedes hablar?)

Could se traduce por el pasado simple, el imperfecto y el condicional presente.

Can y **could** indican poder, capacidad física e intelectual.

We couldn't take any pictures in the museum.
No hemos podido hacer fotografías en el museo.

She couldn't sleep for the noise upstairs.
No ha podido dormir por el ruido del piso de arriba.

We could understand what he was trying to say.
Pudimos comprender lo que estaba intentando decir.

They could swim for hours without getting tired.
Podrían nadar durante horas sin cansarse.

To be able to se traduce por todos los demás tiempos, con el significado de «saber, poder, ser capaz de».

He will be able to open the door.
Podrá abrir la puerta.

They won't be able to find us among this crowd.
No podrán encontrarnos en medio de esta muchedumbre.

Are you able to swim as far as that rock?
¿Puedes nadar hasta aquella roca?

It's no use. I'm not able to do it.
Es inútil, no lo consigo.

May/Might/To be allowed to/To be permitted to
may not/might not (mightn't)/was not (wasn't), were not
(weren't) + allowed to/
was not (wasn't), were not (weren't) + permitted to

May corresponde al presente de indicativo.

Might atañe al pasado simple, el imperfecto y el condicional presente, en el sentido de seguridad y de probabilidad.

To be allowed to concierne al condicional presente.

To be permitted to corresponde a todos los demás tiempos. Ambas formas tienen el sentido de permiso.

May I open the window?
¿Puedo abrir la ventana?

He might come, if he feels better.
Podría venir si se sintiese mejor.

People are not allowed to smoke in the station.
Está prohibido fumar en la estación.

People were not permitted to bathe in the river.
Estaba prohibido bañarse en el río.

Deber

Must/Shall/Should/Ought (to)/To have to
must not (mustn't)/shall not/should not (shouldn't)/ought not
(oughtn't)
do not (don't), does not(doesn't) + have to

Must corresponde al presente de indicativo con el significado de deber absoluto, probabilidad, orden. **Must** se emplea para expresar una obligación y esta suele venir impuesta por el que habla.

You must listen to your parents.
Debes escuchar a tus padres.

You must study more if you want to succeed.
Debes estudiar más si quieres aprobar.

You mustn't worry, he'll come back.
No debes preocuparte, volverá.

Shall corresponde al presente de indicativo con el significado de propuesta y ofrecimiento. **Shall** se emplea sólo con la primera persona (singular y plural). El uso de **shall** en segunda persona, como en la frase del hada a Cenicienta: «*Cinderella, you shall go to the ball!*» («¡Cenicienta, ¡tú irás al baile!») se considera arcaico y debe evitarse en el inglés hablado.

You look as though you are having difficulty. Shall I help you?
Pareces en dificultades. ¿Te ayudo?

It's late. Shall we go?
Es tarde. ¿Nos vamos?

Do you want to drive or shall I?
¿Quieres conducir tú o lo hago yo?

Should corresponde al imperfecto de subjuntivo y al condicional presente con el significado de sugerencia o consejo.

You should buy a new car, this one is getting old.
Deberías comprar un coche nuevo, este se está haciendo viejo.

You shouldn't complain so much. You are a very lucky person.
No deberías quejarte tanto. Eres una persona con mucha suerte.

You should cut your hair. It's very messy.
Deberías cortarte el pelo. Está muy descuidado.

You should always listen to good advice.
Harías bien en escuchar siempre los buenos consejos.

Ought to corresponde al condicional presente con el significado de advertencia. **Ought** expresa una obligación, pero no indica si la obligación es de naturaleza interna (dictada por el que habla) o procede de una fuente externa. El que habla sólo está indicando qué es lo mejor.

You ought to put another pullover on.
Deberías ponerte otro jersey.

You ought to know better! You are not a child anymore.
¡Deberías saberlo! Ya no eres un niño.

After twisting his ankle he ought to have seen a doctor.
Después de haberse torcido el tobillo, habría debido ir a un médico.

You ought to be more careful with your money.
Deberías tener más cuidado con tu dinero.

You oughtn't to be so greedy.
No deberías ser tan glotón.

To have to corresponde a todos los demás tiempos.
Esta forma expresa una obligación, generalmente derivada de una fuente externa más que de una imposición por parte del que habla.

In Japan students have to work very hard at school.
En Japón los estudiantes deben estudiar mucho.

In Italy you have to stamp your ticket before getting on the train.
En Italia hay que validar el billete antes de subir al tren.

In Great Britain children have to go to school at the age of five.
En Gran Bretaña los niños deben ir a la escuela a la edad de cinco años.

El significado de **have to** cambia en la frase negativa:

I don't have to get up early tomorrow. It's Saturday. (I am not obliged to)
Mañana no tengo que madrugar. Es sábado. (no estoy obligado a hacerlo)

You don't have to pay. It's free. (payment is not required)
No tienes que pagar. Es gratis. (no es preciso pagar)

> *You don't have to take notes. (but you can if you wish)*
> No tienes que tomar apuntes. (pero si quieres puedes hacerlo)

El significado es diferente con la construcción negativa de **must**:

> *We're going to church early tomorrow morning. You mustn't get up late! (you are forbidden to)*
> Mañana por la mañana vamos a la iglesia temprano. ¡No puedes levantarte tarde! (te está prohibido)

> *You mustn't walk on the flower beds. (you are forbidden to)*
> No debes andar por los arriates. (te está prohibido)

Atreverse a

> To dare
> daren't o bien do not (don't) + dare
> does not (doesn't) + dare

To dare significa «atreverse a» o «ser capaz de». Es un verbo modal sólo en la forma interrogativa y negativa del presente.

> *They didn't dare (to) knock on the door.*
> No se atrevían a llamar a la puerta.

> *Did he dare (to) leave home without his parents' permission?*
> ¿Se atrevió a salir de casa sin el permiso de sus padres?

En teoría, las formas negativas e interrogativas con **do/did** van seguidas del infinitivo con **to**, pero en la práctica **to** suele omitirse. Las formas negativas e interrogativas sin **do/did** van seguidas del infinitivo sin **to**.

> *Dare we tell him the truth?*
> ¿Nos atrevemos a decirle la verdad?

> *We dare not go there. It's too dangerous.*
> No nos atrevemos a ir. Es demasiado peligroso.

Normalmente, en todos los demás tiempos es un verbo ordinario.

They won't dare come back.
No se atreverán a volver.

Necesitar

> **To need**
> **needn't** o bien **do not (don't) + need**
> **does not (doesn't) + need**

To need significa «necesitar, ser necesario, hacer falta». Es un verbo modal sólo en la forma interrogativa y negativa del presente. Normalmente, para todos los demás tiempos, es un verbo ordinario.

You needn't explain it to me./ You don't need to explain it to me.
No hace falta que me lo expliques.

Needn't you phone before going there?/Don't you need to phone before going there?
¿No tienes que llamar por teléfono antes de ir?

You needn't have brought your dictionary, there is already one here.
No era necesario que trajeras tu diccionario, ya hay uno aquí.

Ejercicios

*Ejercicio 1. Completar las siguientes oraciones con **there is/are, it's** o **they're**:*

1. .... a dog in your yard. .... big!
2. .... many people in the garden. .... all Mark's friends.
3. .... an interesting movie on television and .... funny too.

4. Today .... a beautiful day. .... no clouds in the sky!
5. .... many books in this room and .... all Mary's.

*Ejercicio 2. Completar conjugando correctamente los verbos **must**, **have to** y **need**:*

1. Do you .... be so rude?
2. You .... quit smoking!
3. Peter .... to relax more: he is so stressed.
4. We .... to go if we don't want to.
5. He .... work harder to get the promotion.

Frases útiles

Pedir información

I can't find/see/understand.
No puedo encontrar/ver/entender.

I'd like to know...
Me gustaría saber...

Could you tell/help me?
¿Puede decirme/ayudarme?

May I ask you a favour?
¿Puedo pedirle un favor?

Would you be so kind as to tell me...?
¿Sería tan amable de decirme...?

How many trains are there a day?
¿Cuántos trenes hay cada día?

What time does the train/plane/bus leave?
¿A qué hora sale el tren/el avión/el autobús?

How long do we have to wait?
¿Cuánto tiempo tenemos que esperar?

How far is it to the next city?
¿A qué distancia está la próxima ciudad?

Do you close for lunch?
¿Cierran ustedes al mediodía?

Verbos II

Los tiempos verbales

El tiempo gramatical es una propiedad del verbo que permite situar el hecho, el estado o la acción expresados por este sobre un eje temporal a partir de tres puntos de referencia: pasado, presente y futuro.

En inglés, los tiempos se subdividen en simples **(simple present, simple past, simple future)** y compuestos **(present continuous, past continuous, future continuous, present perfect simple, present perfect continuous, past perfect simple, past perfect continuous, future perfect simple, future perfect continuous)**.

Simple present	Present continuous	Present perfect simple	Present perfect continuous
trabajo	estoy trabajando	he trabajado	llevo trabajando
I work	I am working	I have worked	I have been working
I do not (don't) work	I am not working	I have not (haven't) worked	I have not (haven't) been working
Do I work?	Am I not working?	Have I worked?	Have I been working?
Simple past	**Past continuous**	**Past perfect simple**	**Past perfect continuous**
trabajé	estaba trabajando	había trabajado	llevaba trabajando
I worked	I was working	I had worked	I had been working
I did not (didn't) work	I was not (wasn't) working	I had not (hadn't) worked	I had not (hadn't) been working
Did I work?	Was I not working?	Had I worked?	Had I been working?

Simple future	Future continuous	Future perfect simple	Future perfect continuous
trabajaré	estaré trabajando	habré trabajado	llevaré trabajando
I will work	I will be working	I will have worked	I will have been working
I will not (won't) work	I will not (won't) be working	I will not (won't) have worked	I will not (won't) have been working
Will I work?	Will I be working?	Will I have worked?	Will I have been working?

Los modos

El modo describe la manera en que el verbo expresa un hecho, estado o acción y cómo se conciben y presentan estos. Por ejemplo, la acción puede ser puesta en duda, o afirmada como real o hipotética.

Indicativo

Es el modo que se utiliza para expresar hechos reales objetivos considerados como seguros.

Los tiempos del modo indicativo se subdividen en simples y compuestos.

PRESENT

Se subdivide en **simple present** y **present continuous**.

Simple present

En el **simple present** los verbos tienen la forma del infinitivo sin **to (to work-I work)**. Sólo la tercera persona del singular toma una **-s (he works)**.

he runs	he doesn't run	does he run?
corre	no corre	¿corre?

El **simple present** se utiliza:

— cuando una acción es habitual;
— cuando se habla de hechos que se mantienen inalterados durante mucho tiempo;
— para indicar estados de ánimo;
— con verbos que expresan actividad de pensamiento o sentimientos;
— cuando se cuenta una historia o se narra una película;
— en oraciones dependientes con significado de futuro.

Present continuous (progressive)

Se forma con el auxiliar **to be** y el verbo terminado en **-ing**.

| *I am reading* | *I am not reading* | *Am I reading?* |
| estoy leyendo | no estoy leyendo | ¿estoy leyendo? |

El **present continuous** expresa un hecho o una acción en curso, aunque también puede usarse con significado de futuro.
El **present continuous** se utiliza:

— para indicar una acción que se está realizando en ese momento o que, aunque no se esté realizando, tiene un periodo de duración limitado;
— para indicar una acción que se está desarrollando más o menos en este momento, pero no necesariamente cuando se está hablando;
— para indicar una acción de la que se está seguro que se va a realizar en un futuro próximo;
— acompañado de **always**, sirve para indicar una acción que se repite con frecuencia, hasta el punto de que fastidia a quien habla.

Normalmente no se utiliza el **present continuous** con los verbos que:

— describen actividades de pensamiento, estados de ánimo y sensaciones;
— introducen un discurso indirecto;
— expresan una posesión;
— expresan un estado, más que una acción (p. ej.: **to cost, to appear**).

Past

Se subdivide en **simple past** y **past continuous**.

Simple past

Para formarlo, se añade **-ed** al infinitivo sin **to (to walk - I walked, he walked)**.
Esta forma no cambia, pero existen muchas formas irregulares.

| I opened the door. | I didn't open the door. | Did I open the door? |
| Yo abrí la puerta. | Yo no abrí la puerta. | ¿Abrí la puerta? |

El **past simple** se usa para indicar:

— una acción que finalizó en el pasado;
— una acción ocurrida en un momento preciso del pasado;
— algo concluido definitivamente;
— un periodo de tiempo concluido;
— algo que ha causado un cambio;
— un momento determinado del pasado.

I lived in New York in 1950.
Viví en Nueva York en 1950. (pero ahora ya no vivo allí)

Past continuous (progressive)

Se forma con el pasado de **to be (was/were)** más el verbo terminado en **-ing**.

I was reading.	*I was not reading.*	*Was I reading?*
Estaba leyendo.	No estaba leyendo.	¿Estaba leyendo?

El **past continuous** se usa para indicar:

— una acción que se estaba desarrollando en un momento preciso del pasado;
— la acción más larga, cuando una acción se desarrolla durante un cierto periodo de tiempo y ocurre una segunda acción más breve;
— una acción que en pleno desarrollo es interrumpida por otra;
— la descripción de una escena, especialmente en las narraciones;
— dos acciones de cierta duración que se desarrollan contemporáneamente.

I was sleeping when the phone rang.
Estaba durmiendo cuando sonó el teléfono.

Were we sleeping when the phone rang?
¿Estábamos durmiendo cuando sonó el teléfono?

PRESENT PERFECT

Se subdivide en **present perfect simple** y **present perfect continuous**.

Present perfect simple

Este tiempo compuesto se forma con el auxiliar **to have** en presente y con el participio pasado del verbo.

I have walked.	*I have not (haven't) walked.*	*Have I walked?*
He andado.	No he andado.	¿He andado?

El **present perfect** se usa:

— cuando queremos indicar una acción iniciada en el pasado pero que todavía está ligada al presente. Ej.: *I have lost my key* («He perdido la llave»);

— para hablar de experiencias realizadas. Ej.: *I have visited the U.S.A.* («He visitado los Estados Unidos de América»);

— para una acción pasada en la cual el tiempo no se indica y no está definido. Ej.: *He has been in the army* («He estado en el ejército»);

— cuando el periodo (**today** - hoy, **this week** - esta semana, **this year** - este año, **this century** - este siglo, etc.) todavía no ha terminado en el momento en que se está hablando. Ej.: *He has not phoned today* («Hoy no ha llamado»);

— cuando indicamos una acción iniciada en el pasado y que no ha terminado todavía empleamos **for** y **since**. Ej.: *He has studied English for 10 years* («Estudia inglés desde hace 10 años»); *He has studied English since 1991* («Estudia inglés desde 1991»);

— **for** indica un periodo. Ej.: *We have lived in Rome for five years* («Hemos vivido en Roma cinco años»);

— **since** indica el momento preciso en que comienza una acción. Su finalidad es el resultado de la acción y no la acción misma. Ej.: *He has been here since two o'clock* («Está aquí desde las dos»);

— se emplea el **present perfect simple** con: **just**, **already**, **recently**, **yet**, **so far**, **up to now**. Ej.: *They have just finished* («Acaban de terminar»); *Have you been to Paris yet?* («¿Todavía no has estado en París?»); *I've already read 50 pages* («Ya he leído 50 páginas»).

Present perfect continuous (progressive)

Se construye con:

sujeto + to have + been + la forma **-ing** del verbo.

I + have + been + sitting for three hours.
Llevo sentado tres horas.

I have not/haven't been sitting for three hours.
No llevo sentado tres horas.

Have I been sitting for three hours?
¿Llevo sentado tres horas?

Haven't I been sitting here for three hours?
¿No llevo sentado aquí tres horas?

El **present perfect continuous** se usa:

— en sustitución del **present perfect** para subrayar que la acción no ha terminado del todo, para dar más importancia a la duración y al desarrollo de la acción que a su resultado. Ej.: *I have been waiting for two hours and they still haven't arrived* («Hace dos horas que estoy esperando y todavía no han llegado»);
— con **for**, **since** y en preguntas con **how long**, para indicar acciones pasadas continuadas o repetidas. Ej.: *How long have they been studying?* («¿Cuánto tiempo llevan estudiando?»);
— cuando estamos interesados en la acción y esta no ha terminado. Ej.: *I've been listening to you for too long* («Llevo demasiado tiempo escuchándote»).

PAST PERFECT

Se subdivide en **past perfect simple** y **past perfect continuous**.

Past perfect simple

Este verbo compuesto se forma con el auxiliar **had** (**to have** en pasado) y el participio pasado del verbo (**I had walked**... *había andado*...).

I had/I'd received a letter.
Había recibido una carta.

I had not/hadn't received a letter.
No había recibido una carta.

Had I received a letter?
¿Había recibido una carta?

Had I not/Hadn't I received a letter?
¿No había recibido una carta?

El **past perfect simple** se emplea:

— para indicar una acción sucedida antes de otra en un periodo ya pasado. Ej.: *He had eaten everything on his plate but he was still hungry* («Se había comido todo lo que había en el plato, pero seguía con hambre»).

Past perfect continuous (progressive)

Se construye con:

sujeto + had + been + la forma **-ing** del verbo.

He + had (he'd) + been + smoking for 30 years when he finally stopped.
Llevaba fumando 30 años cuando por fin lo dejó.

He had not/hadn't been smoking.
Él no había estado fumando.

Had he been smoking?
¿Había estado (él) fumando?

Had he not/hadn't he been smoking?
¿No había estado (él) fumando?

El **past perfect continuous** se emplea:

— para destacar una acción progresiva que se desarrolló en el pasado. Ej.: *He had been living in exile for 40 years, but he had never forgotten his native land* («Llevaba en el exilio 40 años, pero nunca había olvidado su tierra natal»).

FUTURE

Se subdivide en **future simple**, **present continuous** y **future continuous**.

Future simple

Se forma con el auxiliar modal **will/shall** más el verbo sin **to**.

> *He will (he'll) work.*
> Él trabajará.

Para la forma **negativa** se emplea **will not (won't)** + el verbo.

> *Perhaps it will rain.* Quizá llueva. (puede que llueva)
> *It will not/won't rain.* No lloverá.
> *Will it rain?* ¿Lloverá?
> *I will/I'll/I shall come tomorrow.* Vendré mañana.
> *I will not/won't/I shall not/shan't come tomorrow.* No vendré mañana.
> *Shall I come tomorrow?* ¿Vendré mañana?

El **future simple** se emplea:

— para indicar el futuro, como en español. Ej.: *Tomorrow I'll get up as usual and go to work* («Mañana me levantaré como siempre y me iré a trabajar»);
— cuando queremos expresar una decisión tanto en sentido positivo como negativo. Ej.: *Father: «You will not go to the disco. I forbid it!»* («Padre: "No irás a la discoteca. ¡Te lo prohibo!"»);
— para hablar de una acción que sin duda se producirá y de planes establecidos. Ej.: *We'll be in Seville by midday* («Estaremos en Sevilla al mediodía»);
— cuando prometemos hacer algo. Ej.: *He will (he'll) return the book to the library tomorrow* («Devolverá el libro a la biblioteca mañana»);

— cuando nos ofrecemos a hacer algo. Ej.: *We shall/will (we'll) finish it for you* («Lo acabaremos nosotros por ti»);
— cuando pedimos a alguien que haga algo, expresando una orden, una amenaza o la promesa de realizar una acción. Ej.: *You will finish your homework. I won't go out until you do* («Acabarás tus deberes. No me iré hasta que los hayas hecho»).

También hay otros modos de traducir el futuro:
To be going to + verbo
Se puede llamar también futuro de intención, porque se emplea para hablar de intenciones o proyectos para el futuro.

I'm going to really enjoy myself at the party this evening.
Esta noche me divertiré de verdad en la fiesta.

Cuando queremos señalar una situación inevitable.

It is (it's) going to snow.   ¡Va a nevar!

Cuando indicamos un hecho ya establecido.

We are going to vote next month.
El mes que viene votaremos.

Present continuous (progressive)

Se emplea:

— cuando hablamos de acuerdos ya establecidos, para expresar un futuro próximo o una intención que se realizará. Es el mismo contexto que indica el futuro. Ej.: *What are you doing next Sunday? - I'm going to meet some friends* («¿Qué haces el domingo que viene? - Veré a unos amigos»);
— cuando el verbo que sigue es **to come** y **to go** y expresa una intención futura. Ej.: *I'm coming to see you* («Voy a venir a verte»).

Future continuous (progressive)

sujeto + will + be + la forma **-ing** del verbo

She will (she'll) be swimming in the sea next year.
El año que viene estará nadando en el mar.

Afirmativa:	*I/we **will/shall** be cooking*
	*you/he/she/it/they **will** be cooking*
Negativa:	*I/we **will/shall** **not** be cooking*
	*you/he/she/it/they **will not** be cooking*
Interrogativa:	***shall/will** I/we be cooking?*
	***will** you/he/she/it/they be cooking?*

Interrogativa negativa: *will he not/won't he be cooking?*

El **future continuous** se emplea:

— para señalar que estaremos haciendo algo en un momento preciso del futuro. Ej.: *He will (He'll) be sleeping at midnight* («A medianoche estará durmiendo»);
— cuando hablamos a propósito de cosas que ya están planificadas o decididas. Ej.: *He will (He'll) be going to visit her everyday in the hospital* («Irá a visitarla todos los días al hospital»).

FUTURE PERFECT

Se subdivide en **future perfect simple** y **future perfect continuous**.

Future perfect simple

sujeto + will + have + participio pasado

They will (they'll) have finished by tomorrow.
Para mañana habrán terminado.

> *They will not/won't have finished...*
> No habrán terminado...
>
> *Will they have finished...?*
> ¿Habrán terminado...?

Para la forma negativa: **will not (won't)** + el verbo.
El **future perfect simple** se emplea:

— para una acción que terminará dentro de cierto periodo del futuro. Ej.: *Will you have done more than 50 hours of lessons when your course finishes?* («¿Habrás tenido más de 50 horas de clase cuando el curso acabe?»).

Future perfect continuous (progressive)

sujeto + will + have + been + la forma **-ing** del verbo

> *He will (I'll) have been living here for two years when my contract expires.*
> Habré vivido aquí dos años cuando acabe mi contrato.

El **future perfect continuous** se emplea:

— para señalar que una acción iniciada en el pasado continuará en el momento futuro al que nos referimos. Ej.: *By summer I will have been living in Spain for six months* («Cuando llegue el verano llevaré viviendo en España seis meses»).

Subjuntivo

Es el modo que se emplea para expresar deseos, posibilidades, irrealidades, etc.

Se subdivide en **present subjunctive** y **past subjunctive**.

PRESENT SUBJUNCTIVE

Se forma con el modo indicativo. No se añade la **-s** a la tercera persona del singular. Con el verbo **to be**, en la tercera persona del singular se usa **be** en lugar de **is**.

... that I be	... that he go
... que yo sea	... que él vaya

El **present subjunctive** se emplea:

— para expresar, en ciertas exclamaciones, un deseo o una esperanza. Ej.: *God help us!* («¡Ayúdanos, Señor!»).

PAST SUBJUNCTIVE

Se forma con el modo indicativo. Se utiliza **were** en lugar de **was** para la primera y la tercera persona del singular.

... that I were	... that we went
... que yo fuese	... que nosotros nos hayamos ido

El **past subjunctive** se emplea:

— después de **as if** y **as though** para indicar duda, improbabilidad e irrealidad en el presente. Ej.: *If she were a bit smarter she would realise that he's only making fun of her* («Si fuese un poco lista, se daría cuenta de que se está burlando de ella»);
— después de **wish** para indicar una situación irreal en el presente: **I wish, I knew** quiere decir que, a todos los efectos, «yo no lo sé». Ej.: *I wish you finished your homework* («Espero que terminaras los deberes» [pero en realidad no puedo estar seguro]).

Condicional

Es el modo que permite exponer un hecho posible, más o menos probable, que depende de una condición necesaria, de un supuesto (azar) o de un suceso hipotético.

Se subdivide en **present conditional**, **present conditional continuous**, **past conditional** y **past conditional continuous**.

Present conditional

Se forma para la primera persona del singular y del plural con el auxiliar **should/would**. Para todas las demás personas, se construye con el auxiliar **would**.

> *I should (I'd) go! You would (you'd) go* ¡Yo iría! Vosotros iríais.

Para la forma negativa: **should not (shouldn't), would not (wouldn't), could not (couldn't)** + verbo.

El **present conditional** se emplea:

— como el condicional presente español y también con una frase que tenga valor y condición de futuro. Ej.: *You should listen when I am giving you advice* («Deberías escuchar cuando te doy un consejo»).

Present conditional continuous

sujeto + should/would + be + la forma **-ing** del verbo

> *He would be working but the office is closed.*
> Él estaría trabajando, pero la oficina está cerrada.

El **present conditional continuous** se emplea:

— cuando queremos señalar una acción que estaría en curso en el presente. Ej.: *If I weren't so tired I would be dancing at the disco now* («Si no estuviese tan cansado, ahora estaría bailando en la discoteca»).

Past conditional

sujeto + should/would + have + participio pasado

> *You would have liked it.*
> Te habría gustado.

El **past conditional** se emplea:

— cuando una acción podía realizarse pero no se ha llevado a cabo. Ej.: *If I had gone to the party I would have met him* («Si hubiese ido a la fiesta lo habría visto»).

PAST CONDITIONAL CONTINUOUS

sujeto + should/would + have + been + la forma **-ing** del verbo

She would have been listening to the radio.
Habría estado escuchando la radio.

El **past conditional continuous** se utiliza:

— cuando queremos señalar una acción que debía continuar en el pasado. Ej.: *They had to be awake; they wouldn't have been sleeping with all this noise* («Debían estar despiertos; no habrían podido dormir con todo ese ruido».

Imperativo

Se emplea únicamente para dar órdenes o pedir algo al oyente.

Tiene la misma forma que el infinitivo sin **to** únicamente para la segunda persona singular y plural. Para las otras personas se usa **let's (let us)**.

Open the window!	*Let's do it!*
¡Abre la ventana!	Hagámoslo

El imperativo expresa una orden.

En la forma negativa se emplea **do (don't)** para la segunda persona singular y plural; para todas las demás personas se usa **let's not**.

> *Don't go near that dog. It's dangerous.*
> No te acerques a ese perro. Es peligroso.

> *Let's not go to that bar. It's too noisy.*
> No vayamos a ese bar. Es demasiado ruidoso.

La tercera persona del singular y del plural del imperativo, aunque existen, se emplean en muy pocas ocasiones.

> *Let him do as he pleases! I don't care.*
> ¡Que haga lo que quiera! No me importa.

Infinitivo

Se subdivide en **present infinitive**, **present continuous infinitive**, **perfect infinitive** y **perfect continuous infinitive**.

PRESENT INFINITIVE

Se forma con **to** + el **verbo**.

> *to drink*
> beber

> *To be near you is all I desire.*
> Estar cerca de ti es todo lo que deseo.

PRESENT CONTINUOUS INFINITIVE

Se forma con **to be** + la forma **-ing** del verbo.

> *to be drinking*
> estar bebiendo

> *Get up Mary! It's hardly acceptable to be sleeping till this time in the afternoon.*
> ¡Levántate, Mary! No está bien dormir hasta esta hora de la tarde.

Perfect infinitive

Se forma con **to have** + **participio pasado** del verbo.

> to have drunk
> haber bebido
>
> To have left your job before finding another one might have been a bit rash.
> Abandonar tu trabajo antes de encontrar otro puede haber sido un poco
>   apresurado.

Perfect continuous infinitive

Se forma con **to have** + **been** + la forma **-ing** del verbo.

> to have been drinking
> haber estado bebiendo

El **perfect continuous infinitive** se emplea:

— como sujeto de una frase. Ej.: *To have been born in another place would have been fortunate* («Haber nacido en otro lugar habría sido una suerte»);
— para indicar finalidad. Ej.: *I work to make money* («Trabajo para hacer dinero»).

En la negación se coloca **not** antes de **to**.

> Not to suffer.
> Para no sufrir.

Gerundio y participio presente

Se forman uniendo la desinencia **-ing** al infinitivo del verbo sin **to** (**read-reading** *leer-leyendo*), pero su empleo en la lengua inglesa no se corresponde totalmente con su uso en español.
Sustituye a verbos, adjetivos, adverbios y sustantivos.

Se emplea:

— en lugar del infinitivo si este es el sujeto de una frase. Ej.: *Waiting is boring* («Esperar es aburrido»);
— en lugar del infinitivo si este va después de una preposición, salvo la preposición **to**. Ej.: *After eating we went to the cinema* («Después de comer fuimos al cine»;
— para la forma progresiva. Ej.: *We're listening to you* («Te estamos escuchando»);
— como adjetivo. Ej.: *The child put on his swimming trunks* («El niño se puso el bañador»);
— cuando en una frase existe una secuencia de acciones que tienen el mismo sujeto. Ej.: *He returned smiling* («Volvió sonriendo»);
— después de ciertos verbos como:

to admit	admitir	*to finish*	acabar
to anticipate	anticipar	*to forgive*	perdonar
to appreciate	apreciar	*to imagine*	imaginar
to avoid	evitar	*to involve*	involucrar
to consider	considerar	*to mention*	mencionar
to contemplate	contemplar	*to mind*	molestar
to delay	retrasar	*to miss*	fallar, perder
to deny	negar	*to postpone*	posponer
to detest	odiar	*to practise*	practicar
to dislike	no gustar	*to prevent*	impedir
to endure	soportar	*to resent*	ofenderse
to enjoy	divertirse	*to resist*	resistir
to escape	escapar	*to risk*	arriesgar
to excuse	excusarse	*to stand*	soportar
to face	enfrentarse	*to suggest*	sugerir
to fancy	imaginarse	*to understand*	comprender

— después de ciertos verbos compuestos como:

to be ashamed of	avergonzarse
to be used to	estar acostumbrado

to burst out	echarse a
to cry out	gritar
to feel like	sentirse como
to give up	dejar de
to keep on	continuar
to leave off	omitir
to put off	aplazar
can't stand	no soportar
can't help	no poder evitar

Participio pasado

Para formarlo en los verbos regulares se añade **-ed** al infinitivo sin **to**.

to frighten	*frightened*
asustar	asustado

Para los verbos irregulares no existe una regla precisa y, por lo tanto, hay que aprendérselo de memoria.

El participio pasado se emplea:

— con el auxiliar **to have** para formar los **perfect tenses (past perfect, present perfect, future perfect)**, según el modelo: **to have + past participle** (verbo + **-ed**);

I was sorry to have missed his lecture.
Me disgustó haberme perdido su conferencia.

— con el auxiliar **to be** para formar los tiempos en la voz pasiva, según el modelo: **to be + past participle** (verbo + **-ed**);

This office is cleaned once a week.
Esta oficina se limpia una vez a la semana.

— como adjetivo delante de un nombre. Ej.: *The frightened dog fled* («El perro asustado se escapó»).

Voz pasiva

La voz pasiva sólo es posible con los verbos transitivos, es decir, con aquellos que rigen un complemento directo.

Al construir una oración en voz pasiva el complemento directo del verbo activo pasa a ser sujeto del verbo pasivo, que pasa a denominarse sujeto agente. Si el sujeto del verbo en pasiva es plural, el verbo también debe estar en plural.

La forma pasiva de un tiempo activo se forma con el auxiliar **to be**.

He kissed her.	*She was kissed by him.*
Él la besó.	Ella fue besada por él.

Después de un verbo pasivo, el agente, si aparece, siempre va precedido de la preposición **by**. Pero solamente debe aparecer si es importante nombrarlo.

El sujeto agente no se expresa cuando no se conoce o no es necesario porque se deduce del contexto.

La frase en voz pasiva se emplea cuando se desea destacar la acción más que quién la realiza o cuando no se puede determinar quién la realiza.

My car was scratched.	Me han rallado el coche.

En la siguiente tabla se exponen las transformaciones que sufre el verbo al pasar de la voz activa a la voz pasiva en los diferentes tiempos o formas verbales.

Tiempo/forma verbal	Voz activa	Voz pasiva	Español
Simple present	*kisses*	*is kissed*	es besado
Present continuous	*is kissing*	*is being kissed*	está siendo besado
Simple past	*kissed*	*was kissed*	fue besado
Past continuous	*was kissing*	*was being kissed*	era besado
Present perfect simple	*has kissed*	*has been kissed*	ha estado besado
Past perfect simple	*had kissed*	*had been kissed*	había estado besado
Future	*will kiss*	*will be kissed*	será besado
Conditional	*would kiss*	*would be kissed*	sería besado

Present infinitive	*to kiss*	*to be kissed*	ser besado
Perfect infinitive	*to have kissed*	*to have been kissed*	haber sido besado
Present participle/gerund	*kissing*	*being kissed*	siendo besado
Perfect participle	*having kissed*	*having been kissed*	habiendo sido besado

Ejemplos

Simple present
Babies are often kissed.
Los niños son besados a menudo.

Present continuous
The letter is being translated.
La carta está traduciéndose.

Simple past
The letter was sent yesterday.
La carta fue enviada ayer.

Past continuous
The baby was being bathed when I arrived.
Cuando llegué estaban bañando al niño.

Present perfect simple
A new library has been built.
Ha sido construida una nueva biblioteca.

Future
It will be opened to the public tomorrow.
Será abierta al público mañana.

Conditional
They would go camping if the weather were better.
Si el tiempo mejorase, iríamos de acampada.

Present infinitive
She raised her face to be kissed.
Levantó la cara para ser besada.

Perfect infinitive
To have been made redundant at the age of 50 is a serious problem.
Que te envíen a casa a los 50 años es un problema serio.

Present participle
Being foreign can have its advantages.
Ser extranjero tiene sus ventajas.

Perfect participle
Having slept soundly for 10 hours, he got up feeling great.
Tras dormir profundamente 10 horas, se levantó sintiéndose muy bien.

Verbos de movimiento

Cuando en español se emplea la estructura verbo + preposición a + infinitivo con la idea de movimiento y no de futuro, en inglés se conjuga el verbo de movimiento (**go/come**-*ir/venir*) y también el que lo acompaña.

We went and saw the house before buying it.
Fuimos a ver la casa antes de comprarla.

Verbos impersonales

Los verbos y las frases impersonales requieren el sujeto neutro **it**.

It is raining.	Está lloviendo.
It is pouring.	Llueve a mares.
It is snowing.	Está nevando.
It was hailing.	Estaba granizando.
It was thundering.	Había truenos.
It seems...	Parece...
It is necessary...	Hace falta...
It is enough...	Basta...
It is late.	Es tarde.
It does not (doesn't) matter.	No importa.

Las expresiones atmosféricas requieren el verbo **to be**.

It is foggy.	Hay niebla.
It is windy.	Hace viento.
It is cold.	Hace frío.
It is hot.	Hace mucho calor.
It is warm.	Hace calor.

There is, there are («hay»)

Cuando queremos decir que hay o no hay algo, en inglés suele comenzar la frase con **there is** para el singular y **there are** para el plural.

> *There is a cat in Patty's house.*
> Hay un gato en casa de Patty.

> *There are many horses on Danilo's ranch.*
> Hay muchos caballos en el rancho de Danilo.

Forma interrogativa

> *Is there a pen on my desk?*
> ¿Hay una pluma en mi escritorio?

> *Are there many cars in the race?*
> ¿Hay muchos coches en la carrera?

Forma negativa

> *There isn't (is not) anything to do.*
> No hay nada que hacer.

> *There aren't (are not) any bottles of water left.*
> Ya no hay más botellas de agua.

Forma interrogativa negativa

> *Isn't there any chance to meet him?*
> ¿No hay ninguna posibilidad de encontrarlo?

> *Aren't there more questions?*
> ¿No hay más preguntas?

Ejercicios

Ejercicio 1. ¿Past simple o present perfect? Elegir la forma correcta y subrayarla:

1. Yesterday I **went/have gone** shopping.
2. We just **met/have just met** him.

3. When **did you see/have you seen** his friend?
4. Robert **played/has played** tennis at Wimbledon in 1989.
5. **Did you ever travel/have you ever travelled** by plane?

Ejercicio 2. Convertir en pasivas las siguientes oraciones activas:

1. Mary told me the truth.

....

2. They sent her flowers.

....

3. We keep the bags here.

....

4. My cousins bought this beautiful house.

....

5. My parents will give a present to Peter.

....

Frases útiles

En el camping

Where is the nearest camping site?
¿Dónde está el camping más cercano?

Can we camp here?
¿Podemos acampar aquí?

Can we rent a tent?
¿Podemos alquilar una tienda?

Are there showers/shops on the camping site?
¿Hay duchas/tiendas en el camping?

What is the charge per person per day?
¿Cuánto cuesta por persona y día?

What is the charge for a tent/a caravan?
¿Cuánto cuesta una tienda/una caravana?

Camping is forbidden.
Prohibido acampar.

Private Property. Trespassers will be prosecuted.
Propiedad privada. Prohibido el paso a personas no autorizadas.

Is there drinking water/running water on the campsite?
¿Hay agua potable/corriente en el camping?

Are there cooking facilities?
¿Hay sitios para cocinar?

Phrasal verbs
o verbos compuestos

Los **phrasal verbs** son combinaciones de verbos con preposiciones o adverbios que dan lugar a expresiones idiomáticas, cuyo sentido es diferente al del verbo por sí mismo.

Estos verbos compuestos o **phrasal verbs** son muy frecuentes, tanto en el lenguaje oral como en el escrito. Se trata de un recurso que introduce flexibilidad en la lengua y permite que esta evolucione rápidamente, por lo que su número y los significados que admiten crece con el tiempo.

A continuación, se ofrece una selección de **phrasal verbs** acompañados de su significado en español y ejemplos.

To ask after («preguntar por alguien») / *He asked after his ex-wife.* Preguntó por su ex mujer.

To ask out («invitar a salir») / *Stefy asked Andrew out for a drink.* Stefy invitó a Andrew a salir para tomar algo.

To be off («irse») / *Katherine has to be off soon.* Katherine debe irse enseguida.

To bring forth («generar») / *The discussion brought forth new ideas.* La discusión generó nuevas ideas.

To call back («devolver la llamada, retirar [mercancía]») / *The defective merchandise was called back.* La mercancía defectuosa ha sido retirada.

To call in/on («llamar, pasar, visitar») / *The neighbours call in on her.* Los vecinos se pasan a verla.

To come (a)round («doblar, volver en sí») / *Fortunately, she came (a)round after the accident.* Por suerte volvió en sí después del accidente.

To come by («pasar, adquirir, conseguir») / *How did you come by that old clock?* ¿Cómo has conseguido ese viejo reloj?

To come on («darse prisa, empezar») / *Come on we are late!* ¡Démonos prisa, llegamos tarde!

To come under («depender de, encontrarse bajo») / *The company came under criticism for its campaign.* La empresa se encontró bajo una lluvia de críticas por su campaña.

To cut away («cortar») / *The gardener cut away the overgrown bushes.* El jardinero ha cortado los arbustos demasiado grandes.

To do for someone («cuidar de alguien») / *The nurse did for her while she was ill.* La enfermera cuidó de ella mientras estuvo enferma.

To draw down («bajar») / *She drew the venetian blinds down.* Bajó las persianas venecianas.

To draw in («acortarse, llegar») / *The trousers must be drawn in.* Hay que acortar los pantalones.

To fall down («derrumbarse, caerse») / *The earthquake made the paintings fall down.* El terremoto ha hecho que se caigan los cuadros.

To fly in («llegar en avión») / *Our relatives flew in at 7.00 a.m.* Nuestros parientes llegaron en avión a las 7 de la mañana.

To get around («salir, viajar») / *We got around the city with the help of a map.* Salimos por la ciudad con la ayuda de un mapa.

To get back to («volver a llamar, ponerse en contacto») / *The travel agency will get back to us with all the information regarding the trip.* La agencia de viajes volverá a llamar con toda la información sobre el viaje.

To get on with («seguir adelante con, continuar») / *You must get on with your own life.* Debes continuar con tu vida.

To get through («acabar, comunicar, arreglárselas, superar») / *Help me get through this problem!* ¡Ayúdame a superar este problema!

To get up («levantarse, levantar») / *I got up at 7.00 a.m.* Me he levantado a las 7 de la mañana.

To give onto («asomarse, dar a») / *My balcony gave onto the courtyard.* Mi balcón da al patio.

To go down («bajar, hundirse, deprimirse, disminuir, decaer, ponerse [el sol]») / *The neighborhood has gone down in the past 10 years.* El barrio ha decaído en los últimos 10 años.

To go off («irse, pasarse, explotar, ponerse malo [un alimento]») / *The milk went off because it was not in the fridge.* La leche se ha puesto mala porque no estaba en el frigorífico.

To go on («continuar, seguir, ocurrir, pasar, transcurrir») / *They went on with their trip even though it was snowing.* Siguieron su paseo aunque estaba nevando.

To go without («pasarse sin, prescindir de») / *The hurricane victims went without food and water for several days.* Las víctimas del huracán pasaron unos días sin comida ni agua.

To have back («recuperar») / *I would like to have the money I lent you back.* Me gustaría recuperar el dinero que te presté.

To have out («acabar, salir de una situación, dar por terminado») / *I want to have out of our partnership.* Quiero dar por terminada nuestra asociación.

To have over («invitar») / *We had the children up for a snack this afternoon.* Hemos invitado a los niños a casa para una merienda esta tarde.

To have up («citar ante un tribunal, llevar a juicio») / *He was had up for robbery.* Lo llevaron a juicio por atraco.

To hold up as («mostrar, mencionar») / *Her picture was held up as an example of a perfect nose job.* Su fotografía fue mostrada como ejemplo de una perfecta rinoplastia.

To keep in with («tener buenas relaciones con alguien») / *She only keeps in with him because she expects some favours from him.* Tiene buenas relaciones con él porque necesita ciertos favores.

To keep off («no acercarse, no tocar») / *Please, keep off the private property.* Por favor, no te acerques a la propiedad privada.

To keep up («mantener en buen estado, continuar») / *It is difficult to keep up a flower garden.* Es difícil mantener un jardín de flores en buen estado.

To knock down («tirar, derribar, rebajar un precio, atropellar») / *She bought a designer dress that had been knocked down to half price.* Compró un traje de marca que estaba a mitad de precio.

To let down («bajar, defraudar, desinflar») / *She never lets me down.* Ella no me decepciona nunca.

To let up («parar, cesar, pasar») / *The storm let up after three hours.* La tormenta pasó después de tres horas.

To look after («cuidar a, ocuparse de») / *She looks after my dog when I am away.* Ella se ocupa de mi perro cuando estoy fuera.

To look into («investigar, examinar») / *The police looked into the murder.* La policía investigó el homicidio.

To look up to («admirar») / *He has always looked up to his father.* Él siempre admiró a su padre.

To move up («subir, hacer sitio, ascender») / *He was moved up to a new position.* Fue ascendido a un nuevo puesto.

To pull down («derribar una construcción, destruir, bajar») / *The old buildings were pulled down to make way for a new shopping center.*

Los viejos edificios fueron derribados para hacer sitio a un nuevo centro comercial.

To pull oneself together («calmarse») / *It took her some time to pull herself together after she heard about the accident.* Necesitó un tiempo para calmarse después de saber lo del accidente.

To put up with («aguantar, soportar») / *I put up with her talk.* Soporté su conversación.

To run on («seguir corriendo, funcionar») / *My car runs on diesel fuel.* Mi coche funciona con gasóleo.

To send away («mandar, echar fuera») / *He was sent away to his grandmother's house.* Lo mandaron a casa de su abuela.

To set forth («presentar, explicar, empezar un viaje») / *He set his idea forth for discussion.* Presentó su idea para que fuera discutida.

To stand in (for) («sustituir») / *My assistant stood in for me at the meeting.* Mi ayudante me sustituyó en la reunión.

To stick together («permanecer unidos») / *Even though they have had some hard times, they continue to stick together.* Aunque tuvieron momentos difíciles, siguen estando unidos.

To take up on («encontrarse con alguien, aceptar») / *I took him up on the bet.* He aceptado su apuesta.

To wait in («permanecer dentro») / *I waited in the office for the rain to stop.* Me quedé en la oficina esperando que dejase de llover.

Ejercicios

Ejercicio 1. Escoger el adverbio o la preposición correctos y completar las oraciones:

1. She looks .... my plants when I'm out of town. *(after; down; away; at)*
2. Can you hang .... the phone, please? *(to; up; down; at)*
3. The doctor needed a few hours to look .... the results of the tests. *(away; over; for; along)*
4. I don't like Mark so I try to keep .... from him. *(down; with; away; up)*
5. Peter pretended to be a movie star and Mark played .... with him. *(along; up; over; for)*

Ejercicio 2. *Completar las siguientes oraciones con el **phrasal verb*** *adecuado, conjugándolo correctamente:*

ask out – go down – keep up – let down – pull together

1. You must .... with your work so that it is finished on time.
2. The Titanic .... when it hit a huge iceberg.
3. He was devastated by his wife's death but was able to .... himself ....,
4. Lucy .... Bill for a drink.
5. Peter is my best friend and I know he will never .... me ....

Frases útiles

En el mecánico

My car has broken down.
Mi coche está averiado.

Can you send a mechanic/a tow truck?
¿Puede enviar un mecánico/una grúa?

The battery is dead.
La batería está agotada.

My car won't start.
Mi coche no arranca.

I have a flat tyre.
Se me ha pinchado una rueda.

The right/left indicator doesn't work.
El intermitente derecho/izquierdo no funciona.

The spark plugs are dirty.
Las bujías están sucias.

There's a rattle in...
Hay un ruido en...

Have you located the problem?
¿Ha localizado la avería?

Do you have the necessary parts for...?
¿Tiene las piezas necesarias para...?

La frase y su formación

La construcción de la frase en su forma de enunciado mínimo es la siguiente:

sujeto (nombre/pronombre) + predicado (verbo)

She runs.
Ella corre.

Nota: A diferencia de lo que ocurre en español, en inglés el sujeto (nombre/pronombre) no se puede omitir.

La estructura de la frase puede ser más elaborada:

— **sujeto (nombre/pronombre) + predicado (verbo) + compl. directo;**

She knows Paul.
Ella conoce a Paul.

— **sujeto + predicado v. + compl. directo + otros complementos/adverbios.**

She writes me a letter every week.
Me escribe una carta a la semana.

Frases negativas e interrogativas

Forma negativa: verbos *ser* o *estar* y *haber* o *tener*

Las formas negativas del verbo **to be** y del verbo **to have** se obtienen al colocar la negación **not** después del verbo.

I am not Yo no soy, yo no estoy	*We are not* Nosotros no somos, nosotros no estamos
You are not Tú no eres, tú no estás	*You are not* Vosotros no sois, vosotros no estáis
He is not Él no es, él no está	*They are not* Ellos no son, ellos no están
I have not Yo no he (tengo)	*We have not* Nosotros no hemos (tenemos)
You have not Tú no has (tienes)	*You have not* Vosotros no habéis (tenéis)
He has not Él no ha (tiene)	*They have not* Ellos no han (tienen)

Forma negativa: otros verbos

La forma negativa del presente de todos los verbos, excepto los auxiliares, se forma con el verbo auxiliar **to do** y la negación **not**, que se colocan entre el sujeto y el verbo, para añadirle después el infinitivo del verbo principal sin **to**. En la tercera persona, en lugar de **do** se emplea **does**.

He does not love his town. Él no ama su ciudad.	*You do not love your parents.* Tú no amas a tus padres.

Forma interrogativa: verbos *ser* o *estar* y *haber* o *tener*

Las formas interrogativas de los verbos **to be** y **to have** se obtienen al anteponer el verbo al pronombre o al nombre:

Am I	*Are we?*	*Have I?*	*Have we?*
¿Soy yo?	¿Somos nosotros?	¿He yo?	¿Hemos nosotros?
¿Estoy yo?	¿Estamos nosotros?	¿Tengo yo?	¿Tenemos nosotros?
Are you?	*Are you?*	*Have you?*	*Have you?*
¿Eres tú?	¿Sois vosotros?	¿Has tú?	¿Habéis vosotros?
¿Estás tú?	¿Estáis vosotros?	¿Tienes tú?	¿Tenéis vosotros?
Is he?	*Are they?*	*Has he?*	*Have they?*
¿Es él?	¿Son ellos?	¿Ha él?	¿Han ellos?
¿Está él?	¿Están ellos?	¿Tiene él?	¿Tienen ellos?

Forma interrogativa: otros verbos

En esta forma, se emplea también el auxiliar **to do**, que precede al sujeto.

Do you love your town?	*Do you see that house?*
¿Amas tu ciudad?	¿Ves aquella casa?
Do you go to Barcelona?	*Does George come today?*
¿Vas a Barcelona?	¿Viene hoy Jorge?

Forma interrogativa negativa

La frase interrogativa negativa se construye de acuerdo con las misma reglas de la interrogativa: verbo auxiliar + sujeto, pero se añade **not** delante del verbo principal.

Did Peter not call him?	*Why did Peter not call him?*
¿No le llamó Peter?	¿Por qué Peter no le llamó?

Sin embargo, en la lengua oral se acostumbra a contraer la negación con el verbo auxiliar, de modo que pasa a ocupar la posición delante del sujeto.

Didn't Peter call him?	*Why didn't Peter call him?*
¿No le llamó Peter?	¿Por qué Peter no le llamó?

Las question tags

Se trata de pequeños añadidos a las frases principales, que sirven para solicitar confirmación o acuerdo.

Cuando la frase es afirmativa, la **question tag** se obtiene poniendo el auxiliar en la forma interrogativa negativa. Si no hay auxiliar, se emplea **do/does/did** para la formación correcta de la frase. Se utiliza en la forma contraída y como resultado se espera una respuesta afirmativa (**Yes...**).

She visited her parents, didn't she?　　*It is snowing, isn't it?*
Ella ha ido a visitar a sus padres, ¿no?　　Está nevando, ¿no es verdad?

Cuando la frase es negativa, la **question tag** se obtiene usando el auxiliar en la forma interrogativa y prefiere una respuesta negativa (**No...**).

He doesn't like cheesecake, does he?
A él no le gusta la tarta de queso, ¿no es así?

He isn't right, is he?
No tiene razón, ¿verdad?

El sujeto de la **question tag** es siempre un pronombre, jamás un sustantivo.

Las respuestas breves

En las respuestas breves que corresponden a la afirmación *sí* o a la negación *no*, se repite el auxiliar en la forma afirmativa o negativa, precedido de **yes** o de **no**.

Are you hungry? ¿Tienes hambre? (lit. «¿estás hambriento?»)
Yes, I am. Sí. (lit. «sí, lo estoy»)
No, I am not. No. (lit. «no, no lo estoy»)

Do you like ice-cream? ¿Te gusta el helado?
Yes, I do. Sí. (lit. «sí, me gusta»)
No, I don't. No. (lit. «no, no me gusta»)

Can you speak English? ¿Hablas inglés? (*can* aquí significa «poder»)
Yes, I can. Sí.
No, I can't. No.

Did you go to Madrid, yesterday? ¿Fuiste a Madrid ayer?
Yes, I did. Sí.
No, I didn't. No.

En inglés, como puede verse, en lugar de responder a una pregunta simplemente con «sí» o «no», es preferible emplear una respuesta más amplia, repitiendo el sujeto y el auxiliar de la frase.

Ejercicios

Ejercicio 1. Transformar estas oraciones afirmativas en negativas:

1. This orange is very nice.

....

2. Your letter arrived yesterday.

....

3. I like that shirt very much.

....

4. Yesterday I was at the cinema with my friends.

....

5. She wants to go to the sea.

....

Ejercicio 2. Añadir las **question tags** *y contestar según las indicaciones que hay entre paréntesis:*

1. Mary visited her brother, ...? *(no)* ....
2. It's snowing, ...? *(yes)* ....

3. You met Mark yesterday, ...? *(yes)* ....
4. You'll go to the cinema tomorrow, ...? *(no)* ....
5. The dog can't sleep on the sofa, ...? *(no)* ....

Frases útiles

Diversiones

When does the play/film/opera begin/end?
¿Cuándo comienza/termina la obra/película, ópera?

Are there any tickets for tonight's performance?
¿Hay entradas para la función de esta noche?

How much do the tickets cost?
¿Cuánto cuestan las entradas?

Where are these seats?
¿Dónde están estos asientos?

Have you got anything nearer to the screen?
¿Tiene algo más cerca de la pantalla?

May I have a programme, please?
¿Me da un programa, por favor?

When is the pub open?
¿Cuándo está abierto el pub?

This is my round.
Es mi ronda.

It's my turn.
Es mi turno/me toca a mí.

This is on me.
Te invito.

Estilo directo
e indirecto

Cuando se pretende comunicar lo que una persona ha dicho, existen dos modos de hacerlo: el estilo directo y el estilo indirecto.

El estilo directo consiste en repetir exactamente sus palabras. La frase textual se encierra entre comillas, comienza con mayúscula y se separa con dos puntos o una coma de las otras palabras incluidas en la oración.

Paul says: «They will be in Paris tomorrow».
Paul dice: «Estarán en París mañana».

El estilo indirecto explica lo que la persona dijo, pero sin repetir sus palabra de forma literal.

Paul says (that) they will be in Paris tomorrow.
Paul dice que estarán en París mañana.

Cambios de tiempo verbal

Cuando el verbo introductorio (**to say**, **to tell**, **to comment**, **to remark**, **to shout**, etc.) está en pasado, lo cual es muy frecuente, hay que prestar atención al tiempo y al modo de la frase secundaria:

— el **simple present** pasa a ser **simple past**;

She loves him.   She said (that) she loved him.
Ella lo ama.   Ella dijo que lo amaba.

— el **present continuous** pasa a ser **past continuous**;

She is studying.   She said (that) she was studying.
Ella está estudiando.   Ella dijo que estaba estudiando.

— el **present perfect** pasa a ser **past perfect**;

The concert has been a success.
El concierto ha sido un éxito.

She said (that) the concert had been a success.
Ella dijo que el concierto había sido un éxito.

— el **simple past** pasa a ser **past perfect**;

She smoked a cigarette.   She said (that) she had smoked.
Ella fumó un cigarrillo. Ella dijo que había fumado.

— el **past continuous** pasa a ser **past perfect continuous**;

We were drinking.
Nosotros estábamos bebiendo.

We said (that) we had been drinking.
Nosotros dijimos que habíamos estado bebiendo.

— el **past perfect** no cambia.

He had been ill.   He said (that) he had been ill.
Él había estado enfermo. Él dijo que había estado enfermo.

En el caso de los verbos modales, tan sólo cambian **shall/will** que pasan a ser **should/would**; **can/may**, que se transforman en **could/might**, y **must**, que pasa a ser **had to**.

Sin embargo, no experimentan ningún cambio los demás: **could**, **would**, **should**, **might**, **ought to**, **had better** y **used to**.

Preguntas indirectas

No requieren la inversión entre sujeto y verbo como las preguntas directas.

Pregunta directa	Pregunta indirecta
What are you doing?	*He asked me what I was doing.*
¿Qué haces?	Me preguntó qué estaba haciendo.

To say y to tell

Son los verbos que con mayor frecuencia introducen el estilo directo e indirecto.

To say se emplea de modo general, cuando no se indica la persona a la que se habla.

Say your name.	*He said, «She is beautiful».*
Di tu nombre.	Dijo: «¡Es guapísima!».

To tell se utiliza de modo específico cuando se indica la persona a la que se habla.

Tell me your name.	*He told me (that) she was beautiful.*
Dime tu nombre.	Me dijo que era guapísima.

That

That se usa en las frases de estilo indirecto para introducir lo que la persona habría dicho en estilo directo.

He said that he was very happy.
Dijo que era muy feliz.

También se utiliza con verbos formales y no muy frecuentes.

He suggested that we should eat fruit.
Sugirió que comiésemos fruta.

En cambio, **that** no se emplea después de verbos más comunes y poco formales.

He said he did not know.
Dijo que no lo sabía.

Ejercicios

*Ejercicio 1. Escribir las siguientes oraciones en discurso indirecto conjugando los verbos que hay entre paréntesis en **past simple**:*

1. Alice was at school yesterday. *(Alice/say)*

....

2. Tomorrow I want to go to Mary's party. *(Susan/tell me)*

....

3. We aren't engaged yet. *(Bill/let us know)*

....

4. I haven't betrayed your trust! *(John/deny)*

....

5. Oh God! You haven't repaired the door yet! *(his wife/complain)*

....

Ejercicio 2. Escribir las siguientes oraciones en discurso indirecto:

1. He said: «I will be in Paris on Saturday».

....

2. Mark said: «I wish I didn't have to take the exam».

....

3. She said: «I could do it tomorrow».

....

4. The tourist asked: «Where is the station?».

....

5. They told me: «Be careful of what you wish for».

....

Frases útiles

En la comisaría

I need your help.
Necesito su ayuda.

It's an emergency.
Es una emergencia.

I don't speak English very well.
No hablo inglés demasiado bien.

Speak slowly, please. I don't understand.
Hable despacio, por favor. No comprendo.

I have lost my bag.
He perdido mi bolso.

I want to report a theft.
Quiero denunciar un robo.

My wallet/suitcase/credit card has disappeared from my room.
Mi monedero/maleta/tarjeta de crédito ha desaparecido de mi habitación.

I have lost my passport, what can I do?
He perdido mi pasaporte, ¿qué puedo hacer?

I need to talk to my consulate/embassy.
Necesito hablar con mi consulado/embajada.

Have you found my documentation?
¿Han encontrado mi documentación?

Verbos irregulares más frecuentes con sus principales formas

Infinitivo	Pasado	Participio pasado	Participio presente/ gerundio	Presente 3.ª persona singular	Español
arise	arose	arisen	arising	arises	*levantarse*
be	was/were	been	being	am/is/are	*ser/estar*
become	became	become	becoming	becomes	*convertirse*
begin	began	begun	beginning	begins	*empezar*
bite	bit	bitten	biting	bites	*morder*
break	broke	broken	breaking	breaks	*romper*
bring	brought	brought	bringing	brings	*llevar (acercar)*
buy	bought	bought	buying	buys	*comprar*
choose	chose	chosen	choosing	chooses	*elegir*
come	came	come	coming	comes	*venir*
cost	cost	cost	costing	costs	*costar*
cut	cut	cut	cutting	cuts	*cortar*
do	did	done	doing	does	*hacer*
drink	drank	drunk	drinking	drinks	*beber*
drive	drove	driven	driving	drives	*conducir*
eat	ate	eaten	eating	eats	*comer*
fall	fell	fallen	falling	falls	*caer*
feel	felt	felt	feeling	feels	*sentir*
find	found	found	finding	finds	*encontrar*
fly	flew	flown	flying	flies	*volar*
forget	forgot	forgotten	forgetting	forgets	*olvidar*
get	got	got	getting	gets	*llegar/convertirse/ obtener/tomar*
give	gave	given	giving	gives	*dar*
go	went	gone	going	goes	*ir*
have	had	had	having	has	*tener*

Infinitivo	Pasado	Participio pasado	Participio presente/ gerundio	Presente 3.ª persona singular	Español
hear	heard	heard	hearing	hears	*oír*
hold	held	held	holding	holds	*sostener*
keep	kept	kept	keeping	keeps	*mantenerse*
know	knew	known	knowing	knows	*saber/conocer*
learn	learnt	learnt	learning	learns	*aprender*
leave	left	left	leaving	leaves	*dejar/marcharse*
let	let	let	letting	lets	*permitir*
make	made	made	making	makes	*hacer*
meet	met	met	meeting	meets	*encontrarse*
put	put	put	putting	puts	*poner*
read	read	read	reading	reads	*leer*
ride	rode	ridden	riding	rides	*montar*
run	ran	run	running	runs	*correr*
say	said	said	saying	says	*decir*
see	saw	seen	seeing	sees	*ver*
sell	sold	sold	selling	sells	*vender*
set	set	set	setting	sets	*fijar*
shake	shook	shaken	shaking	shakes	*sacudir*
shoot	shot	shot	shooting	shoots	*disparar*
sing	sang	sung	singing	sings	*cantar*
sit	sat	sat	sitting	sits	*sentarse*
sleep	slept	slept	sleeping	sleeps	*dormir*
speak	spoke	spoken	speaking	speaks	*hablar*
spend	spent	spent	spending	spends	*gastar*
spring	sprang	sprung	springing	springs	*brotar, saltar*
steal	stole	stolen	stealing	steals	*robar*
sweep	swept	swept	sweeping	sweeps	*barrer*
swim	swam	swum	swimming	swims	*nadar*
take	took	taken	taking	takes	*llevarse*
tell	told	told	telling	tells	*decir/contar*
think	thought	thought	thinking	thinks	*pensar*
throw	threw	thrown	throwing	throws	*lanzar*
tread	trod	trodden	treading	treads	*pisar*
understand	understood	understood	understanding	understands	*entender*
wake	woke	woken	waking	wakes	*despertarse*
wear	wore	worn	wearing	wears	*llevar puesto*
wet	wet	wet	wetting	wets	*mojar*
win	won	won	winning	wins	*ganar*
write	wrote	written	writing	writes	*escribir*

Soluciones
de los ejercicios

Artículos y sustantivos

Ejercicio 1

1. the.- 2. the.- 3. a.- 4. the.- 5. an.

Ejercicio 2

1. potatoes.- 2. children.- 3. women.- 4. experiences.- 5. bottles.

Ejercicio 3

1. Mark's car is very fast.- 2. Susan's son is a friend of mine.- 3. Have you bought today's newspaper?- 4. Mary's doll is broken.- 5. Bill and Maura's house is big.

Adjetivos

Ejercicio 1

1. faster.- 2. more difficult.- 3. better.- 4. further.- 5. worse.

Ejercicio 2

1. a lot of.- 2. many.- 3. much.- 4. much.- 5. several.

Pronombres

Ejercicio 1

1. this.- 2. that.- 3. those.- 4. these; those.- 5. those.

Ejercicio 2

1. whose.- 2. which.- 3. whom.- 4. which.- 5. whom.

Adverbios

Ejercicio 1

1. What do they often read?- 2. Mark always wins at tennis.- 3. The shelf is too high.- 4. This food is absolutely excellent.- 5. Fortunately the weather is good.

Ejercicio 2

1. I've always done what I believe in strongly.- 2. I haven't written the letter yet.- 3. Mark still loves Lucy.- 4. Do you often go to the cinema?- 5. I always say what I think.

Preposiciones

Ejercicio 1

1. on.- 2. at.- 3. on.- 4. at.- 5. in.

Ejercicio 2

1. to.- 2. from.- 3. into.- 4. to.- 5. to.

Conjunciones

Ejercicio 1

1. why.- 2. because.- 3. because.- 4. because.- 5. why.

Ejercicio 2

1. yet.- 2. besides.- 3. however.- 4. therefore.- 5. also.

Verbos I

Ejercicio 1

1. there is/it's.- 2. there are/they're.- 3. there is/it's.- 4. it's/there are.-
5. there are/they're.

Ejercicio 2

1. need.- 2. must.- 3. has to.- 4. don't have to.- 5. must.

Verbos II

Ejercicio 1

1. went.- 2. have just met.- 3. did you see.- 4. played.- 5. have you ever
travelled.

Ejercicio 2

1. I was told the truth by Mary.- 2. The flowers were sent to her.-
3. The bags are kept here.- 4. This beautiful house was bought by my
cousins.- 5. A present will be given to Peter by my parents.

Phrasal verbs o verbos compuestos

Ejercicio 1

1. after.- 2. up.- 3. over.- 4. away.- 5. along.

Ejercicio 2

1. keep up.- 2. went down.- 3. pull (himself) together.- 4. asked out.-
5. let (me) down.

La frase y su formación

Ejercicio 1

1. This orange isn't very nice.- 2. Your letter didn't arrive yesterday.- 3. I don't like that shirt very much.- 4. Yesterday I wasn't at the cinema with my friends.- 5. She doesn't want to go to the sea.

Ejercicio 2

1. didn't she/no, she didn't.- 2. isn't it/yes, it is.- 3. didn't you/yes, I did.- 4. won't you/no, I won't.- 5. can he/no, he can't.

Estilo directo e indirecto

Ejercicio 1

1. Alice said that she had been at school yesterday.- 2. Susan told me that the next day she wanted to go to Mary's party.- 3. Bill let us know that they weren't engaged yet.- 4. John denied that he had betrayed my trust.- 5. His wife complained that he hadn't repaired the door yet.

Ejercicio 2

1. He said he would be in Paris on Saturday.- 2. Mark said he wished he didn't have to take the exam.- 3. She said she could do it tomorrow.- 4. The tourist asked where the station was.- 5. They told me to be careful of what I wished for.

www.ingramcontent.com/pod-product-compliance
Lightning Source LLC
LaVergne TN
LVHW051350080426
835509LV00020BA/3373